AF340346

HAUTE-COUR DE JUSTICE

AFFAIRE

DU

PRINCE PIERRE-NAPOLÉON BONAPARTE

Plaidoirie de Me EMILE LE ROUX

AVOCAT

Audience du 26 mars 1870.

M⁰ Émile Le Roux, avocat du Prince, s'exprime ainsi :

Messieurs de la Haute Cour,

Messieurs les hauts jurés,

Depuis le malheureux événement d'Auteuil, le Prince a été l'objet des attaques les plus violentes, des injures les plus grossières, des outrages les plus sanglants, sans pouvoir élever la voix pour se défendre.

Le silence lui était commandé par sa position, et le respect de la justice.

Il lui est enfin permis de faire entendre sa justification.

Choisi pour être son organe, j'éprouve le regret bien sincère de ne pas voir à ma place une des gloires de notre barreau, un de ces illustres confrères dont la puissante parole aurait flétri la calomnie comme elle doit l'être, et noblement répondu au réquisitoire si éloquent de M. le Procureur général. Fort de son innocence, confiant dans votre impartialité éclairée, l'accusé n'a voulu pour défenseur que son avocat habituel, qui avait eu l'honneur d'être son collègue aux Assemblées Constituante et Législative.

J'ai hésité à accepter cette grave mission, craignant l'insuffisance de mes forces, mais il m'a semblé que le devoir commandait, et qu'il y avait dans la voix d'un homme qui fait appel à votre dévouement quelque chose d'impérieux qui ne permet pas de repousser la confiance dont il vous honore.

En arrivant à cette barre, j'ai pris la résolution d'écarter toute politique du débat, et de défendre Pierre Napoléon Bonaparte comme je défendrais le plus humble des citoyens.

C'est du reste son vœu ; car son premier désir, après le fatal événement, a été de comparaître devant la justice ordinaire du pays, renonçant à tous les priviléges attachés à sa qualité de Prince.

La loi s'est opposée à la réalisation de ce vœu puisé dans le sentiment de l'égalité ; il a fallu s'incliner devant ses prescriptions formelles. Notre confiance et nos espérances sont les mêmes devant votre juridiction. Vous serez, comme les jurés ordinaires, inaccessibles aux passions qui s'agitent autour de vous. Une seule pensée dominera vos esprits, le désir de faire bonne justice. Pour y arriver plus sûrement, vous écarterez d'abord l'appel fait à la vengeance, guide aveugle et d'ailleurs trop dangereux pour conduire à la découverte de la vérité.

Je vous y aiderai, Messieurs, dans la limite de mes forces, et je le ferai avec modération, avec respect, non-seulement pour la Cour et pour les témoins, mais encore pour nos accusateurs si violents.

Leur exemple est de ceux qu'il ne faut pas imiter.

Ensemble nous examinerons, non pas les faits seulement, mais encore le caractère des acteurs qui y ont pris part. Nous analyserons la vie entière de l'accusé incriminée avec tant de colère ; Et vous comprendrez qu'un galant homme traité comme le plus méprisable, assailli des épithètes d'aventurier, canaille, assassin, fût-il le plus calme, aurait pu perdre son sang-froid sans démériter.

Voilà, Messieurs, ce que je devais dire avant d'arriver à l'examen de la vie de l'accusé.

Mon œuvre sera longue peut-être ; mais vous pardonnerez à qui n'a que la modeste ambition d'accomplir consciencieusement son devoir.

Pierre-Napoléon Bonaparte est fils de Lucien, le second frère du fondateur de la dynastie régnante, et dont le rôle politique, éclatant à ses débuts, fut cependant de courte durée. Nommé membre du conseil des Cinq-Cents en 1797, il se signala par son éloquence et son dévouement à la chose publique, ce qui lui valut l'honneur de présider cette assemblée. Ministre de l'intérieur en 1799, puis ambassadeur en Espagne, il.se démit bientôt de ses fonctions. Dès 1804, il se retirait à Rome près du pape Pie VII, qui l'honora d'une inaltérable amitié, lui le défenseur convaincu du Concordat. Il se fixa plus tard sur la terre de Canino, érigée en principauté. En 1810, et tandis qu'il se dirigeait vers les États-Unis pour en étudier l'organisation politique, il tomba aux mains des Anglais dont il fut le prisonnier jusqu'en 1814. Après les Cent-Jours il rentra à Rome, où son fils Pierre naquit le 11 octobre 1815.

Deux traits saillants ont distingué les goûts de Lucien de ceux de ses frères : son amour pour la liberté, son indifférence pour les grandeurs ; et tandis que Joseph recevait successivement les couronnes de Naples et d'Espagne, Louis celle de Hollande, Jérôme celle de Westphalie ; que tous les siens portaient le sceptre, jusqu'à ses beaux-frères ; lui seul dédaigna de s'asseoir sur un trône.

Il a transmis à son fils les sentiments auxquels il est resté fidèle jusqu'au dernier soupir.

Comme son père, Pierre-Napoléon Bonaparte a toujours aimé la liberté, ce dont témoignent tous les actes de sa vie politique.

Eloigné des honneurs auxquels le conviait sa naissance, sans aucun des priviléges attachés à son titre de prince, il habite simplement, modestement, non pas un palais mais une maison bourgeoise d'Auteuil ; partageant sa vie entre l'étude et les joies de la famille. Elevé dans l'exercice des armes, il en a conservé l'habitude ; et.la chasse est restée à peu près sa distraction unique.

Littérateur par goût, et poëte à ses heures, ses œuvres ont quelquefois mérité les approbations les plus enviées.

Mais le sentiment qui domine dans son cœur est celui de la famille ; il en a conservé religieusement les traditions, et vaillamment accepté la solidarité. Aussi souffre-t-il cruellement des attaques passionnées dont la sienne a été l'objet dans ces derniers temps. Pourquoi n'avouerais-je pas que les outrages jetés à la face des femmes de sa race mortes ou vivantes ont d'abord excité son indignation, et plus tard sa colère. Personne n'osera soutenir assurément qu'elle ne fut pas légitime.

En résumé, cœur noble et généreux, nature susceptible et impressionnable, accessible surtout aux coups dirigés contre l'honneur et la réputation des siens. Tel est l'homme que vous avez à juger.

La calomnie s'est acharnée sur lui avec un redoublement de fureur, surtout depuis le 10 janvier. Aussi, Messieurs, ne serez-vous pas surpris que sa première, sa plus impérieuse préoccupation soit d'abord de se justifier des abominations qu'on lui impute.

Procédons par ordre pour nous reconnaître dans ce flot d'affirmations outrageantes.

Je n'ai pas besoin de vous dire que son nom lui valut d'être exilé dès sa plus tendre enfance. Il fut élevé en Italie. A peine adolescent, et ses études achevées, il se destine à la carrière des armes. Il prend du service en Colombie, où sa conduite fut celle d'un brave et loyal soldat. J'en trouve une irrécusable preuve dans une lettre des plus gracieuses portant la date du 16 juillet 1832. Elle est du général Santander qui désira lui annoncer lui-même son élévation au grade de chef d'escadron.

Un journal parisien a osé imprimer que sa mauvaise conduite lui valut d'être expulsé de ce pays.

Voici en quels termes le consul général des États-Unis de Colombie répond à cette accusation. Après avoir rappelé que le général s'était chargé de le diriger sur la recommandation de son oncle, le roi Joseph, il ajoute : « Le Prince resta attaché à la personne « du général, et depuis il retourna en Europe, laissant à Bogota « et autres villes de Colombie beaucoup d'amis qui l'estimaient,

« et d'excellents souvenirs. Jamais il n'a commis aucune action,
« nous ne dirons pas indigne d'un homme de son nom, mais qu'on
« eût pu reprocher à quelque étranger que ce fût. Et son séjour
« dans le pays fit ressortir clairement combien il y était appré-
« cié. Que n'a-t-il pu rester en Colombie? C'est là qu'il aurait
« trouvé une patrie.

Est-ce clair? J'espère que cette première calomnie reste avec
le caractère qui lui appartient; passons à la seconde :

Nous sommes en 1836. Pierre Bonaparte est rentré dans sa famille alors sur les terres patrimoniales de Canino, situées dans les
Maremmes romaines. Il est chasseur, et exposé au double péril des
brigands qui infestent ces contrées, et des ennemis politiques qui
ne lui pardonnaient pas le nom qu'il porte. Le pays était d'ailleurs
troublé depuis 1831 par des aspirations ardentes qui ont fait explo-
sion plus tard. En sorte que chacun y marchait armé à cette époque
d'agitations menaçantes.

Le pape Grégoire XVI s'alarme un jour à l'idée que des Bonaparte résident dans ses États troublés : et du haut de sa double
omnipotence, il lance un décret d'expulsion contre toute la famille.
Les cardinaux Rivarola et Lambruschini, ministres du pontife-
roi, intiment l'ordre de départ au cardinal Fesch et à ses neveux,
mais avec promesse de passe-ports qui n'avaient pas encore été
délivrés.

Telle était la situation de la famille, le 3 mai 1836. Le prince
Pierre était sur la place de Canino avec un ami, Vincent Valentini, en costume de chasse, le fusil en bandoulière, le couteau dans
sa ceinture, prêt à partir pour une battue de sangliers. Caggiano,
lieutenant de gendarmerie, s'approche, accompagné d'un sergent,
et lie conversation avec l'accusé de la façon la plus amicale.
Des soldats étaient apostés dans le voisinage sans armes appa-
rentes; par un mouvement rapide comme l'éclair, Caggiano saisit
d'une main le fusil du Prince, tandis que de l'autre il dégaînait
son épée. Le sergent lui tire à bout portant, un coup de pistolet

qui rata, et les gendarmes, sortant de leur embuscade, se précipitèrent sur lui, la pointe de leurs armes en avant.

En moins de temps qu'il n'en faut pour le dire, le Prince saisit son couteau de chasse, la seule arme dont il pût disposer, et se défendit vaillamment contre ses agresseurs; deux tombent frappés mortellement. Mais, vaincu par le nombre, il fut laissé pour mort sur la place et couvert de sang. Trois coups de pistolet avaient été tirés sur lui. Une balle lui laboura la tête; la cuisse droite avait été traversée par une baïonnette.

Valentini, son ami, sortit de cette scène affreuse meurtri, ensanglanté. Antoine, second fils de Lucien, attaqué à son tour, reçut deux coups de pistolet, et parvint à s'échapper.

Voilà les faits tels qu'ils résultent des procès-verbaux; tels qu'ils sont établis dans une lettre datée de Corfou, le 20 février 1838, insérée dans les journaux du temps, et plus complétement dans une brochure publiée à Bruxelles en 1849, qui est jointe aux pièces.

Arrêté aussitôt, l'accusé fut conduit au château Saint-Ange, puis on lui fit son procès pour s'être défendu contre l'attaque inexplicable que je vous ai racontée.

L'instruction en fut confiée à un agent de police; renvoyé devant un tribunal extraordinaire, sous l'accusation d'avoir résisté avec violence aux agents de la force publique, le Prince ne put obtenir, ni le droit de se défendre, ni la publicité des débats. La sentence fut rendue par des lieutenants de police dont la commission de jugement avait été composée; et elle prononça la peine de mort, bien que l'accusé n'eût pas atteint sa majorité de vingt et un ans, âge cependant exigé par la loi romaine pour une condamnation capitale.

Cette décision, plusieurs fois illégale, ne pouvait pas être suivie d'effet.

Aussi, neuf mois après cette scène tragique, lorsque la princesse Canino, mère désolée, demanda justice à Sa Sainteté, celle-ci s'empressa-t-elle de gracier le condamné. C'était l'aveu de son nnocence, car un gouvernement qui se respecte ne punit pas, seulement de quelques mois de détention, un condamné vraiment coupable d'un aussi grave attentat.

Or, après trente-quatre ans, voici ce qu'est devenue cette déplorable histoire dans les mains d'une certaine presse :

Extrait du journal *la Réforme* du 15 janvier 1870 :

LES ANTÉCÉDENTS DE L'ASSASSIN.

Il y a trente ans, Pierre Bonaparte, l'assassin de Victor Noir, se trouvait à Canino dans une de ses propriétés. Son garde-chasse était fiancé d'une jeune fille qui était belle et qui avait plu à l'assassin. Il voulut la poursuivre de ses assiduités, et, en chasseur suzerain, ne s'en cacha pas à son garde. Celui-ci, homme d'honneur, n'admit pas ce que Bonaparte prétendait faire, et il le lui dit trop carrément, car, quelques jours après, au milieu des bois, il était frappé d'une balle à la tête par Pierre Bonaparte lui-même.

La rumeur publique fit bientôt connaître l'auteur du crime à la police, et un capitaine de gendarmerie fut chargé de l'arrêter.

Pierre Bonaparte avait une certaine réputation de bravoure et de courage, de plus, on le savait toujours porteur d'armes.

L'officier chargé de l'arrêter imagine d'aller le prendre dans le café où il se rend habituellement, et de poster deux hommes prêts à le saisir à un signal qu'il donnerait. Il devait frapper sur l'épaule de l'assassin, et les deux gendarmes devaient alors se jeter sur lui et le bâillonner.

Tout ce qui était convenu fut fait, le capitaine alla s'asseoir près de l'assassin, et engagea avec lui la conversation; tout en causant, il remarqua les crosses de deux pistolets qui sortaient de sa poche, il jeta une exclamation sur leur belle ciselure, et les ayant pris en main, crut le moment propice pour donner le signal convenu.

Mais l'assassin était autrement armé, et pendant la lutte qui s'engagea entre lui et les gens de la justice, il trouve moyen de donner un coup de stylet au malheureux capitaine.

Le pape le fit juger pour ce double assassinat et condamner à mort, il le gracia.

On a toujours eu des bontés pour les Bonapartes.

K. GASCHIAT.

Et maintenant écoutons la *Marseillaise* du 17 janvier 1870 :

On a dit et répété depuis trois jours que l'assassin Bonaparte avait été condamné à mort, pendant son séjour à Rome, en 1836, pour crime politique.

Voici la vérité sur ce prétendu crime politique :

Pierre Bonaparte avait violé ou séduit, — les témoignages sont divisés sur ce point, — une jeune fille de Musignano.

Les deux frères de la victime vinrent lui demander une réparation par les armes.

Il prit dans sa poche son revolver, — celui du 10 janvier, peut-être, — et les assassina.

Le gouvernement pontifical lança aussitôt contre Pierre Bonaparte un mandat d'arrêt, dont l'exécution fut confiée à un officier accompagné de trois carabiniers, le marquis Zerlucchi.

L'officier se présenta poliment, informa le prince de sa mission, et l'invita à le suivre sans résistance.

Bonaparte parut acquiescer à cette requête, et répondit courtoisement à ce malheureux :

— Monsieur, je vous suis !

A peine, confiant en cette parole princière, Zerlucchi s'était-il retourné vers la porte, que Bonaparte l'assassina d'un coup de revolver dans la colonne vertébrale.

Les carabiniers se jetèrent sur le meurtrier, qui fut conduit à Rome, les mains liées derrière le dos, jugé et condamné à mort.

Mais on pense bien qu'un assassin de si haut parage ne pouvait être exécuté.

Il fut enfermé pour quelques mois au fort Saint-Ange ; puis gracié par le pape et rendu à la liberté.

Paschal Grousset.

Une correspondance adressée de Rome à l'*Union de l'Ouest* donne les détails suivants sur la vie de l'assassin Bonaparte en Italie :

Près de Canino habitait, dans une chaumière, un homme surnommé *Mahumetto*, parce que, tout pauvre qu'il fût, il avait eu trois femmes.

D'une de ces femmes lui était restée une jeune fille d'une grande beauté, c'était presque une enfant.

Un jour, Pierre et Antoine, accompagnés d'un de leurs compagnons de débauche, Valentini (lequel enleva un jour leur sœur, et, après toute sorte d'égarements, se suicida aux bains de Porretta, près de Bologne), entrèrent dans la chaumière de Mahumetto, y trouvèrent la belle enfant, et la déshonorèrent tous trois. Aux cris de la victime, un homme accourut ; cet homme, qu'on avait surnommé *Salla-Maccaione* (Saute-Fossés), parce qu'il était boiteux, fut témoin du crime ; mais, en apercevant les coupables, il comprit le danger qu'il y avait pour lui et s'enfuit. Les princes et Valentini se mirent à sa poursuite, et l'eurent bientôt rejoint. Se jetant à leurs genoux, il s'écria : « Pitié ! je ne dirai jamais rien, je le jure ; je n'ai rien vu. » Ils le fusillèrent à bout portant, et l'homme tomba pour ne plus se relever. La chose fit du bruit, et le pape ordonna l'arrestation des assassins.

La mise en scène est-elle complète, les pièces justificatives sont-elles réunies avec assez d'art? Mais malgré tous ces mensonges savamment échafaudés la vérité éclate, et le viol consommé, si habilement mis en saillie, disparaît comme la simple tentative devant l'attestation du nonce Mgr Chigi.

Elle est ainsi conçue :

« Le prince Pierre Bonaparte nous ayant fait demander d'attes-« ter que son expulsion du territoire romain ne fût pas motivée « pour acte de viol ou de tentative de viol, nous déclarons, d'après « les renseignements qui nous ont été envoyés de Rome, que le « Prince n'a pas été exilé des États romains pour la cause alléguée « ci-dessus. »

Que reste-t-il de ce fait en lui-même si grave? Une de ces mille scènes de guerre civile qui ont, pendant des siècles, composé toute l'histoire des États romains.

En quittant le château Saint-Ange, le prince Pierre s'est embarqué pour les États-Unis, où son intention était de se fixer. Cependant une lettre de son oncle malade, le roi Joseph, le rappelle en Angleterre ; puis il forme le projet de visiter la Grèce et la Turquie. Une circonstance, en elle-même indifférente, le décide à s'arrêter à Corfou, et, pour la seconde fois, il échappe à la mort par un hasard providentiel.

Les officiers de la garnison de l'île faisaient des chasses fréquentes en Albanie, pays giboyeux, dont ils n'étaient séparés que par un étroit canal. Mais c'était un plaisir dangereux sur cette côte inhospitalière infestée de brigands. C'est ainsi que le fils du général Bertheley, capitaine au 60e régiment, faillit périr dans une de ces parties entreprises avec ses camarades.

Donc, le 6 février 1838, le Prince s'embarque pour la côte d'Albanie sur un bateau monté par sept mariniers, en compagnie de deux gardes sanitaires. Ils prennent terre au fond de l'anse de Parpagna, et s'installent, pour déjeuner d'abord, sur le rivage. Deux Albanais, conduits par deux hommes à mine suspecte, débarquent à côté d'eux. Ils étaient armés jusqu'aux dents ; leur attitude devient menaçante ; on les prie de s'éloigner après leur avoir offert des vivres et de l'argent. Ils ne tiennent aucun compte de l'accueil qui leur est fait. Leurs mauvais desseins deviennent évidents. Le Prince et ses amis se lèvent pour remonter dans leur canot. Ils reçoivent deux coups de pistolet. Ainsi brutalement attaqué, Pierre Bonaparte n'hésita pas ; il répondit à l'agression par deux coups de son fusil de chasse. Au bruit des armes à feu, les Albanais descendent des montagnes ; alors s'engage une véritable bataille du rivage à l'embarcation, qui eut une extrême difficulté à sortir de l'anse. Enfin, après des efforts inouïs, le bateau put gagner la mer sous une grêle de balles, et l'expédition rentra dans la nuit à Corfou. Aussitôt l'événement se répandit dans la ville, et tous les amis du Prince vinrent le féliciter d'avoir échappé au danger (1).

(1) Les journaux du temps s'emparèrent de cet événement, et voici comment le *Journal des Débats* en rendait compte dans son numéro du 12 mars 1838 :

Le Prince était donc allé le 6 de ce mois à la chasse à Parpagna, un des endroits les plus déserts du continent voisin. La barque qu'il montait étant entrée dans un port naturel que forment les sinuosités du terrain, il se mit à dîner sur le rivage avec ses compagnons. Ils mangeaient tranquillement, lorsque deux Turcs Albanais, connus par leurs meurtres et leurs violences comme les deux plus terribles bandits de la contrée, et armés jusqu'aux dents, débarquèrent à l'endroit où nos chasseurs avaient fait halte. Guidés par deux pêcheurs qu'ils avaient requis de force, ils mirent pied à terre et voulurent frapper de leurs yatagans les chiens dont les maîtres étaient dans la contenance la plus pacifique. Ensuite, ils insultèrent le Prince et ses compagnons et brandirent leurs armes en venant à eux. Les deux gardes sanitaires de l'embarcation du Prince, qui veillaient à ce qu'aucun contact n'ait lieu, voulurent vainement s'opposer à leur approche, tant par la crainte de leurs armes que par celle de la violation de la quarantaine. Ce fut aussi en vain que de l'argent et des provisions leur furent offerts. Les Turcs continuèrent leurs menaces et, poussant de grands cris, se jetèrent sur eux le pistolet et le yatagan au poing. L'un d'eux tira sur le Prince ; mais l'arme ayant raté, un second coup fit passer la balle entre le Prince et un garde sanitaire. Alors le Prince, qui, au risque de sa vie et de celle de ses compagnons, avait su se contenir, fut obligé de se défendre et riposta avec son fusil. Les deux Turcs, atteints à la fois, allèrent tomber à quelques pas ; l'un d'eux se releva et poursuivit encore les chasseurs qui, voyant une foule d'Albanais descendre des montagnes voisines pour les massacrer, s'embarquèrent à la hâte et firent leurs efforts pour gagner la haute mer. Ils étaient sur une frêle et mauvaise embarcation conduite par deux rameurs maltais, dont l'épouvante paralysait les mouvements, et qui avaient à lutter con-

Tel est dans sa simple vérité le fait qu'un ennemi a présenté comme un assassinat froidement exécuté sur un vieillard, officier de douanes accomplissant le devoir de sa charge.

tre une brise violente qui les empêchait de sortir des sinuosités du port où ils étaient malheureusement entrés. Les Albanais tiraient sur eux, et une balle a failli frapper le Prince qui, pour encourager son monde, se tenait debout. Après bien des peines et des dangers, ils parvinrent enfin à sortir du port et, ayant gagné le large, ils arrivèrent à Corfou fort avant dans la nuit.

La *Marseillaise* a eu la prétention de rétablir la vérité après un délai de 33 ans : Voici le résultat de son enquête :

Le *Daly-News*, du 13 janvier, publie, de son côté, la lettre suivante :

« Monsieur l'éditeur,

« J'étais à Corfou, employé responsable du gouvernement anglais, et je puis garantir l'authenticité des faits suivants :

« Le prince Pierre Bonaparte loua un bateau à Corfou, pour le conduire sur la côte d'Allonie, dans le but d'y faire une partie de chasse.

« Le bateau était manœuvré par deux marins natifs de l'île, dont j'ai eu moi-même l'honneur de recevoir et d'écrire les dépositions après le malheureux conflit avec les Palikares. Voilà la vérité établie par ces dépositions. Lorsque la barque arriva à Sajades, sur les côtes d'Albanie, un officier de douane essaya d'accoster, pour constater l'origine et l'endroit d'où venait le bateau ; alors, *sans aucune espèce de provocation, le Prince l'étendit raide mort !* Ce Palikare, officier de douane, était un *vieillard*, père d'une nombreuse famille.

« Immédiatemement la barque reprit le chemin de Corfou. Le Prince fut chassé de l'île. Le gouvernement Ionien, dans la personne de sir Howard Douglas, alors *lord high commissionner*, eut la triste satisfaction de payer une généreuse indemnité à la famille de l'officier assassiné.

« Corcyra-Villa Holloway, 12 janvier 1870.

« Joseph CARTWRIGHT. »

« Nous attendons de Bastia tout un dossier relatif aux antécédents de Pierre Bonaparte. « Quant aux antécédents de sa famille, on les connaît. »

PASCAL GROUSSET.

Le *Times* du 20 janvier 1870 répondait à cette calomnie et rétablissait les faits dans eur exactitude.

A l'éditeur du *Temps*.

« Monsieur, le *Times* de samedi dernier donne un extrait d'une lettre de M. Joseph Cartwright. Le récit fait par lui est complétement faux. La vérité est que le prince Pierre-Napoléon Bonaparte, le 8 janvier 1838, a été assailli par plusieurs brigands albanais qui ont fait feu sur lui et qui, quelques jours avant, avaient enlevé M. Barclay, officier au 11e régiment d'infanterie britannique à Corfou, dans l'espoir d'en tirer une grosse rançon.

« Le prince Pierre Bonaparte repoussa l'attaque, et deux brigands furent tués ; on conviendra qu'il existe une grande différence entre un officier de douanes et un brigand.

— Aucune indemnité n'a été payée à cette occasion par le lord Haut-Commissaire. A la suite de cette attaque heureusement repoussée, le prince Pierre Bonaparte reçut à Cor-

Le calomniateur n'avait pas pensé que l'accusé aurait depuis si longtemps conservé le document authentique qui réduit à néant son œuvre rétrospective.

Voici la pièce *officielle* délivrée à la date des faits par ordre de Son Excellence le lord haut commissaire anglais, gouverneur des îles Ioniennes :

« DÉPARTEMENT DE LA POLICE.

« Corfou, 10 mars 1838.

« En accord avec la communication verbale que, sur ordre de Son Excellence le lord haut commissaire, le soussigné inspecteur de police eut l'honneur de faire ce matin au prince Pierre-Napoléon Buonaparte, et en accord avec le désir exprimé par le Prince d'avoir par écrit tout ce qu'on lui a annoncé, le soussigné s'empresse de répéter ici que n'étant pas encore arrivé à ce port, le bateau à vapeur de S. M. Britannique qu'on attendait, on accorde au prince Pierre Napoléon Buonaparte de prolonger son séjour à Corfou jusqu'à l'arrivée du prochain bateau à vapeur, qui doit arriver vers la fin du présent mois, à moins que le Prince ne choisisse un autre moyen de transport avant l'expiration de ce délai.

« *Le soussigné est autorisé par le lord haut commissaire* à répéter au Prince Pierre-Napoléon Buonaparte que Son Excellence, *avec une profonde* douleur

fou une ovation provoquée par feu lord Charles Wellesley et les officiers anglais de la garnison.

« Si le récit de M. Cartwright était exact, le Prince Pierre aurait été condamné par les magistrats anglais; chacun sait que partout où il y a des juges anglais, justice est faite, quel que soit le coupable.

« Le lord haut-commissaire a prié le prince Pierre Bonaparte de quitter les îles Ioniennes le 10 mars suivant seulement, et encore uniquement pour des raisons politiques. Je vous envoie ci-joint une copie de la communication faite de cette décision au prince Pierre Bonaparte par l'autorité anglaise. — Il y est solennellement déclaré que le lord commissaire n'a d'autres motifs que des motifs politiques qui ne peuvent en rien atteindre l'honneur du Prince.

« L'original de ce document est, à l'heure présente, aux mains de la Haute Cour de justice.

« Le récit relatif aux gardes-chasse blessés dans les Ardennes doit être aussi démenti.

« Paris, 17 janvier.

« VERITAS. »

Le soussigné profite de l'opportunité qui s'offre à lui de renouveler au prince Pierre Bonaparte l'expression de la *haute estime* avec laquelle il a l'honneur de se dire son très-dévoué et très-humble serviteur.

(rincrescimento) et après une très-mûre considération, est dans la nécessité absolue d'adopter une telle résolution, en l'assurant que SEULE-
MENT DES RAISONS D'ÉTAT, *qui d'aucune manière n'atteignent l'honneur per-
sonnel du Prince*, exigent son éloignement des îles Ioniennes.

« Le soussigné saisit cette occasion pour renouveler au prince Pierre-
Napoléon Buonaparte ses sentiments de haute estime, avec lesquels il a
l'honneur de se dire.

« Le très-dévoué et très-humble serviteur,

« DEM. ZÉRVO,
« Inspecteur de police. »

Que reste-t-il de cette troisième calomnie ? une scène dramatique
dans laquelle un jeune homme aventureux s'est étourdiment engagé, et dans laquelle il n'a pas péri grâce à son énergie et à son
sang-froid.

Reprenons l'itinéraire du Prince sur la terre de l'exil, sauf à
faire halte partout où l'exigeront ses ennemis.

En quittant Corfou, il veut visiter Malte. Moment mal choisi;
l'île était ravagée par le choléra. Certes, nul devoir n'imposait au
voyageur de s'arrêter chez cette population décimée. Il le comprit
autrement; et froidement héroïque, il s'installe en pleine con-
tagion, visite les malades, les touche les uns après les autres, et
son exemple contribue à ranimer les courages abattus. Cette
bonne œuvre accomplie, il traverse le détroit de Gibraltar et va
visiter Lisbonne et le Portugal. En 1838 il était en Belgique et se
fixait à Mohimont, province de Luxembourg la plus rapprochée de
la patrie; il offrit ses services au roi Léopold, et demanda à
faire partie de l'armée belge. Quels souvenirs a-t-il laissés chez
nos voisins! Un fait suffit pour l'indiquer à MM. les jurés : le
Prince est commandeur de l'ordre de Léopold.

Mais ces témoignages honorables ne sont pas du goût de ses
ennemis, et voici la petite anecdote lancée d'abord par la *Cloche,* et
pieusement recueillie par la *Marseillaise* du 22 janvier.

Vers 1837, Pierre Bonaparte habitait dans cette province, à Mohimont, une maison isolée au milieu du bois, à quatre lieues d'ici, chassant à outrance, et malmenant le paysan.

Un jour, dans la saison des grives, il rencontre dans le bois, où il mettait ses lacets, un campagnard cheminant paisiblement et se rendant au village voisin en suivant le chemin ordinaire. Dérangé dans sa chasse, Bonaparte lui intime l'ordre de rétrograder, ce à quoi notre paysan lui répond que, suivant un chemin public, il était dans son droit. Pan!! un coup de fusil et le bonhomme par terre avec une jambe cassée. Le Bonaparte a étouffé l'affaire à prix d'argent.　　　　(*La Cloche*).

D'où vient cette nouvelle indignité? on ne l'a pas dit; sur quoi est-elle fondée? je l'ignore, puisqu'il n'a rien été produit à l'appui.

Mais j'y réponds par la lettre de M. Nothomb, un des hommes les plus considérables de la Belgique dont il fut ministre de la justice.

« Prince,

« Vous n'avez pas douté de la part que j'ai prise à la catastrophe où vous êtes impliqué, car tous ceux qui, ainsi que moi et mes compatriotes du *Luxembourg*, connaissent Votre Altesse depuis plus de 25 ans, ont été convaincus que, pour céder à une aussi terrible extrémité, vous avez dû être placé dans le cas de légitime défense ou tout au moins violemment provoqué.

« Comme tous les hommes, — surtout ceux d'un rang supérieur, — qui éprouvent l'adverse fortune, Votre Altesse est exposée aux bruits les plus absurdes et les plus odieux. Vous pouvez en juger par ces deux extraits de journaux pris entre plusieurs. *Si ces rumeurs étaient aussi vraies qu'elles sont fausses, une certaine responsabilité en remonterait jusques à moi, puisque à l'époque dont il s'agit, j'exerçais les fonctions de procureur du roi dans l'arrondissement de Neufchâteau où prétendument ils auraient eu lieu. Or, je puis bien attester que jamais pareil bruit n'est venu jusqu'à moi : j'affirme au contraire, que, durant cette longue période, jamais je n'ai entendu élever la moindre plainte quant à vos rapports avec les gens du pays.*

« *Ce témoignage, je le dois à la vérité.*

« Veuillez agréer, Prince, les assurances de ma haute considération.

« ALPH. NOTHOMB.

« Membre de la chambre des représentants, ancien procureur du roi à Neufchâteau.

« Bruxelles, 25 janvier 1870 »

Voulez-vous une preuve encore plus topique? Je la trouve dans une lettre envoyée spontanément au défenseur du Prince à la veille du débat par M. Delisse, sous-inspecteur des forêts.

Neufchâteau (Luxembourg), le 14 mars 1870.

A monsieur Émile Le Roux, avocat, à Paris.

« J'ai été pendant quarante ans garde général et sous-inspecteur des eaux et forêts dans la province de Luxembourg, où j'ai eu, en ma qualité de fonctionnaire, de nombreux rapports avec le Prince, qui était locataire ou possesseur du droit de chasse dans les forêts soumises au régime de l'administration.

« Jamais, je l'affirme, il n'a manqué aux convenances envers qui que ce soit, ni de quelque manière que ce soit, et tout le monde dans cette province l'affirmerait avec moi; moins encore, il a empiété sur le droit d'autrui, et en matière de chasse, matière assez souvent irritante, je l'ai toujours trouvé, pendant de si nombreuses années, scrupuleux observateur des conventions, des lois et des règlements, de bienveillante composition, facile à oublier et veillant avec attention sur lui-même pour ne jamais blesser personne.

« Vous trouverez peut-être, Monsieur, que ces renseignements sont utiles à la défense de Son Altesse; s'il en est ainsi, je vous autorise à en faire usage et à leur donner par votre organe l'autorité dont je voudrais les voir investis dans l'intérêt d'un homme qui n'a laissé ici que les plus heureux souvenirs.

« Agréez, monsieur, l'hommage de mon respect.

« DELISSE. »

Ici la calomnie est évidente, l'intention est manifeste : qu'en restera-t-il?... La légitime indignation des honnêtes gens contre les propagateurs d'histoires lugubres avec le but certain d'égarer la justice, et de fausser ses décisions.

Comme vous avez pu vous en assurer par les documents que j'ai placés sous vos yeux, le prince Pierre s'était fixé dans les Ardennes, loin du monde, de tout bruit, partageant son temps entre la chasse et l'étude. L'art militaire était son objet de prédilection, il conservait l'espoir de mettre tôt ou tard son intelligence et son énergie au service de la France; dans l'impossibilité où le plaçait la loi d'exil, il offrit ses services à la Suisse, lorsqu'en 1847 éclata la querelle entre la Diète et le *Sonderbund*. Sa bonne volonté vint se heurter contre les prohibitions jalouses de la République. Le général Dufour prit lui-même la peine de lui en donner avis (1).

Telles étaient les dispositions du Prince lorsqu'éclata la révolutiou de 1848. Sou pied n'avait jamais foulé le sol sacré de la patrie. Ce fut avec bonheur que le 29 février il put enfin se mettre à la disposition du gouvernement de son pays. Ses services furent agréés cette fois : et le 2 mars 1848 il était nommé chef de bataillon dans la légion étrangère. Mais le département qui fut le berceau de sa race lui demanda des services d'une autre nature. La Corse le nomma député à l'Assemblée Constituante, et plus tard la Charente-Inférieure le disputait à son pays d'origine pour l'envoyer à la Législative, sans parler des 22,000 voix dont la Touraine voulut bien l'honorer.

(1) Voici la lettre.

« Lucerne, 27 novembre 1847.

« Mon Prince,

« Ce n'est pas sans une vive émotion que j'ai lu la lettre que vous m'avez fait l'honneur de m'écrire sous la date du 26. J'y ai reconnu ces sentiments élevés, cette chaleur de cœur qui appartiennent si éminemment à l'illustre famille dont vous êtes issu. De tels témoignages de haute sympathie sont bien précieux pour mon pays, et pour ce qui me concerne en particulier, je ne saurais vous exprimer combien j'y suis sensible, moi, l'ami dévoué de votre famille et qui garde un si profond souvenir du grand homme qui l'a illustrée.

« Vous me demandez à prendre du service dans l'armée fédérale pour la défense de la cause qu'elle soutient. Certes, une telle offre serait accueillie de grand cœur, si cela m'était permis. Mais je ne puis pas admettre dans nos états-majors ni même dans nos rangs, d'officiers étrangers. C'est la réponse que j'ai déjà été dans le cas de faire à plusieurs officiers de différentes nations qui, mus par les mêmes motifs honorables et désintéressés, m'ont offert leurs services. Cela m'a beaucoup peiné, mais j'ai dû rester fidèle à nos règlements, surtout lorsqu'il s'agissait d'une guerre entre Suisses.

« Du reste, je regarde la guerre comme finie, puisque tous les cantons qui formaient le Sonderbund ont capitulé l'un après l'autre; Uri est venu le dernier; ce matin j'ai reçu sa soumission. Il ne reste plus que le Valais, qui sans doute se soumettra également.

« J'espère, mon Prince, que ma réponse ne vous blessera point, car je suis heureux et fier de vous avoir dans mon état-major. L'impérieuse nécessité de me soumettre aux règlements fédéraux s'oppose seule à ce qu'il en soit ainsi.

« Je serais heureux si je vous trouvais encore à Berne lorsque j'y retournerai, et de faire ainsi votre connaissance personnelle; cela ne peut pas tarder beaucoup.

« Agréez, mon Prince, l'assurance de la haute considération et des sentiments dévoués

« De votre obéissant serviteur,

« J. N. Dufour. »

Rendons-lui la justice qui lui est due ; il fut le digne fils de Lucien Bonaparte, le *Moniteur* atteste qu'il défendit loyalement la République, et que ses votes ne se proposèrent que l'intérêt du peuple, et l'établissement durable des libertés publiques. Un jour vint, jour à jamais néfaste, où des hommes égarés ne craignirent pas de recourir aux armes, alors qu'ils avaient conquis le suffrage universel. Le député reprit l'uniforme du soldat, et fit vaillamment son devoir dans les rangs des républicains. Dans la journée funeste du 15 mai, il adjurait les envahisseurs de respecter la souveraineté nationale en la personne de ses représentants ; et pendant les fatales journées de Juin, il fut l'un des premiers à inscrire son nom sur la feuille que le président Sénard offrait aux représentants courageux qui voulurent risquer leur vie pour la pacification de la cité ; il courut à l'attaque des barricades avec Lamartine, sur les boulevards, dans tous les endroits les plus périlleux ; et dans le faubourg du Temple, son cheval fut tué sous lui. Malgré ces périls et ces désillusions, il est resté fidèle à la cause du peuple et de la liberté.

Il est fâcheux sans doute qu'en regard de cette conduite glorieuse vienne se placer le 10 août 1849, date malheureuse où l'accusé n'a pas pu maîtriser son indignation.

Qu'importe que M. Gastier fût un ennemi systématique des idées napoléoniennes ; qu'importe que ses réflexions exprimées à haute voix eussent un caractère provoquant et de nature à blesser les sentiments les plus intimes du Prince ; il était représentant du peuple d'abord, et surtout il était un vieillard ; et la voie de fait qui l'atteignit fut incontestablement regrettable ; mais ce sentiment de colère, quelque répréhensible qu'il soit, ne porte aucune atteinte à la considération de son auteur : et il s'atténue lorsqu'on en découvre la cause dans son amour de la famille, et la solidarité qui en relie tous les membres. Le jugement du 18 août 1849 tint compte de cette situation en réduisant la condamnation à 200 francs d'amende.

Voici au surplus le texte du jugement :

. « Attendu que Pierre-Napoléon Bonaparte a volontairement porté un coup au visage du sieur Gastier, membre de l'Assemblée ;

« Attendu que si cette voie de fait a été de la part de Gastier provoquée par des manifestations persistantes de nature à blesser chez le prévenu d'honorables sentiments de famille et surtout par une injure directe, cette provocation, que le tribunal doit prendre en considération pour l'application de la peine, ne saurait néanmoins enlever au fait sa culpabilité ;

« Qu'ainsi Pierre Bonaparte s'est rendu coupable du fait prévu par l'article 311 du Code pénal ;

« Par ces motifs, faisant application dudit article, condamne Pierre Bonaparte à 200 fr. d'amende et aux dépens pour tous dommages-intérêts. » (1)

Nous ne sommes pas à la fin do cette justification rendue nécessairement longue par les innombrables calomnies auxquelles le Prince a été en butte. On vous a dit qu'il avait failli assassiner un négociant de Marseille en 1848

Réduisons à sa juste valeur cette histoire si indignement travestie par le sieur Grousset dans la *Marseillaise* du 16 janvier.

En 1848, Pierre Bonaparte, se rendant à Paris, occupait seul, en gare de Marseille, le compartiment d'un wagon non muni de la pancarte « réservé ».

(1) *L'Alsacien* rapportait cette décision dans son numéro du 21 août 1849 et la faisait suivre des réflexions suivantes :
Qui oserait contester leur exactitude ?
Qu'on lise les débats avec attention, on verra qu'il y a eu de la part de M. Gastier une véritable préméditation, et qu'il a adressé au cousin du Président les provocations les plus persévérantes et les plus insultantes. Maintenant examinons la question au point de vue politique. Qui ne voit que dans la séance où a été donné le malheureux soufflet, il y avait de la part des Montagnards un véritable complot monté contre le Président de la République ? On voulait, avant de s'en aller en congé, l'attacher comme à un pilori par cet odieux parallèle que M. Sommier avait fait de la guillotine et de la monarchie. On avait voulu faire déteindre sur lui un peu du sang répandu à la barrière Fontainebleau. Comme le caractère violent et emporté de M. Pierre Bonaparte était fort connu, on n'était pas fâché de l'entraîner à un de ces écarts qui sont réprimés par la police correctionnelle, afin de pouvoir faire supporter au Président sa part de la répression infligée au nom qu'il porte. Eh bien, le tribunal a déjoué ces perfides complots ; il est fort heureux d'ailleurs que des circonstances atténuantes aient permis de soustraire l'illustre nom qui plane sur la France aux flétrissures de la police correctionnelle. Tout le monde a compris que M. Pierre Bonaparte n'avait fait qu'obéir à un mouvement généreux et honorable, et les marques d'approbation qui ont éclaté dans l'auditoire après le jugement sont, à cet égard, l'expression sincère de l'opinion dans son immense majorité.

Un honorable négociant, mort depuis, M. Auzilly, se présente à la portière de ce compartiment et se dispose à s'asseoir à côté de Bonaparte. Celui-ci lui ordonne d'aller se placer plus loin. Refus poli, mais ferme, de M. Auzilly, de renoncer au droit de choisir le wagon qui lui plaît.

Bonaparte se jette immédiatement sur lui, le saisit au collet, et, le repoussant en appuyant sur sa poitrine un pistolet armé, il s'écrie;

— Arrière, ou je vous tue !

M. Auzilly protesta hautement auprès des employés de l'administration et de ses compagnons de voyage contre ce procédé sauvage.

Il voulut même pousser plus loin cette affaire, qui fut définitivement arrangée par M. Barthélemy, alors maire de Marseille et député à la Constituante.

Voici maintenant la vérité :

Le prince Pierre se trouvait à la gare dans un wagon *qu'il avait loué en entier*. M. Auzilly, négociant de Marseille, et qui avait la tête un peu échauffée après dîner, voulut, à toute force, pénétrer dans ce wagon. L'employé supérieur de la gare y mit seul obstacle. M. Auzilly ne voulut pas entendre raison, et, tandis que cet employé le repoussait, il lança contre le wagon sa canne qui vint tomber sur une dame qui s'y trouvait assise.

M. Auzilly, revenu à lui, chargea M. Barthélemy, représentant l'accusé, de faire agréer ses regrets. — Il vint voir lui-même le Prince, et offrit de les exprimer par écrit. Celui-ci ne le voulut pas ; et depuis cette époque, chaque fois qu'il passait à Marseille, il recevait de M. Auzilly une invitation à dîner, qu'il n'accepta jamais, tout en se montrant sensible à ce bon procédé.

Laquelle des deux versions est la bonne?

Laissons parler les hommes honorables qui remplirent le rôle de témoins dans cette circonstance.

« Paris, le   janvier 1870.

Monsieur,

Me trouvant à Marseille, on me pria de me rendre à l'hôtel des Empereurs. Aussitôt arrivé, on m'invita à passer dans un salon où Son Altesse entra immédiatement. Je n'avais pas l'honneur de connaître personnellement Son Altesse. Après l'échange des compliments d'usage, monseigneur me dit : — Je me suis enquis des Corses présents en cette ville. Ayant entendu prononcer votre nom, je vous ai choisi pour me servir de témoin dans une rencontre avec M. Auzilly. Je compte me battre demain avant 9 heures du matin s'il est possible. Acceptez-vous ? Sans doute. — Permettez cependant que je fasse une remarque : Il me paraît convenable que Son Altesse ne doit pas se battre avec le premier venu. — Pardon; on le dit un homme honorable et cela suffit. Il faut qu'il me rende raison des propos insultants proférés contre ma famille et contre mon cousin le Prince président de la République. Voici la lettre que je lui dirige. Veuillez la lire et la lui remettre avant le jour. Bien que je sois l'insulté, laissez-lui le choix des armes; mais n'admettez pas des excuses.

« Je sortis pour choisir pour second M. Dominique Giacometti, ex-sous-officier dont on m'indiqua la demeure. Il acccepta ma demande et nous trouvâmes de bonne heure le frère de M. Auzilly, à qui nous demandâmes les informations voulues. Lui ayant fait savoir le motif de notre visite, il nous pria d'arranger cette affaire à l'amiable, étant par trop malheureuse pour son frère et sa famille. Quelques instants après M. Auzilly arriva et prit connaissance de la lettre en question. Lui ayant fait remarquer qu'il n'y avait pas de temps à perdre, il nous assura qu'avant trois quarts d'heure il serait rendu avec ses témoins à l'hôtel des Empereurs. En effet, M. Barthélemy, représentant du peuple, vint parler à Son Altesse pour le dissuader de donner suite à sa résolution. Le Prince pria ce gentleman de s'entendre avec ses témoins; mais, voyant notre persistance à maintenir les instructions de Son Altesse, il se dirigea de nouveau dans la chambre du Prince et ils vinrent ensemble au salon. Son Altesse consulta ses témoins, ajoutant : Qu'il lui paraissait impossible qu'un homme se rétractât ainsi et fît les excuses proposées.

« M. Barthélémy entendant que M. Giacometti et moi inclinions pour l'acceptation des excuses formelles, quitta le salon et revint aussitôt avec M. Auzilly. Celui-ci déclara à Son Altesse : « *Ne l'avoir connu; que non-seulement il lui ferait ses excuses, mais il rétracterait tous les propos qu'il avait pu tenir contre la famille Bonaparte et le Prince président,* » proposant de les consigner par écrit; ce à quoi Son Altesse s'opposa. Ensuite M. Auzilly manifesta le désir de faire ses excuses à la dame d'un négociant, M. Poly, dont il croyait avoir manqué d'attention sans le vouloir. M. Poly, présent, répondit pour sa dame.

« Je vous serai donc très-obligé monsieur le Rédacteur, en faisant insérer la présente dans un de vos prochains numéros.

« Veuillez agréer avec mes remercîments l'expression de ma haute considération.

BARON D'ORNANO.
« Chevalier des ordres de Léopold et impérial de la Rose.

« Boulevard Saint-Michel, 16, entresol. »

« Je soussigné déclare avoir pris connaissance de la déclaration ci-dessus de M. d'Ornano, et je reconnais l'exactitude des faits qu'elle contient.

« De quoi, je suis prêt à déposer.

« D. GIACOMETTI. »

« Paris, le 25 janvier 1870.

En présence de ces irréfutables justifications, nous ne pouvons que plaindre l'homme obligé de répondre à de pareilles indignités. Votre verdict, messieurs, le vengera aux yeux de l'opinion publique.

De toutes les attaques dirigées contre l'accusé par la *Marseillaise*, la plus poignante a été celle qui met en doute le courage d'un Bonaparte. Aussi dois-je m'attacher à démontrer jusqu'à l'évidence qu'elle n'a que la valeur de ses aînées : calomnie pure.

J'ai dit que, dès le 29 février 1848, le Prince mettait son épée au service de la République.

Béranger, le poëte national, voulut bien le recommander au Ministre de la guerre (1).

Mais Pierre Bonaparte ne pouvait être admis qu'à titre *étranger*. La loi du 10 avril 1832, qui interdisait le sol français à la famille, ne permettait pas l'incorporation d'un de ses membres dans un régiment français.

---

(1) A Monsiéur le Ministre de la guerre.

« Général,

« Pardonnez à mon importunité : je viens recommander à votre bienveillance un des fils de mon bienfaiteur Lucien Bonaparte, dont je n'ai à vous faire apprécier ni les grands talents ni les grands services rendus à la France républicaine. Son fils Pierre Bonaparte a quitté la Belgique, où il vit en réfugié, pour offrir son bras à notre patrie ; il demande à servir soit dans les gardes nationales mobiles, soit et plutôt dans la légion étrangère.

« Monsieur le Ministre, ce jeune homme a les opinions de son père ; c'est à peu près son seul héritage : ajoutez-y le plus beau nom des temps modernes, si toutefois ce nom est présenté avec les principes du jeune fils de Lucien Bonaparte.

« Ayez donc l'obligeance, Monsieur le Ministre, de vouloir bien accorder une réponse favorable à Pierre Bonaparte, que je connais déjà depuis longtemps, et dont je garantis les intentions patriotiques.

« Agréez, avec mes excuses, Monsieur le Ministre, l'hommage de mes sentiments de respect et de dévouement.

« Votre très-humble serviteur,

« BÉRANGER.

« Paris, 15 mars 1848. »

Voilà pourquoi il fut envoyé à la Légion étrangère (1).

Le Prince se préparait à rejoindre son régiment lorsque ses compatriotes le nommèrent représentant du peuple.

L'Algérie était en paix, et le colonel Charras, alors sous-secrétaire d'État, l'autorisa à suspendre son départ jusqu'à nouvel ordre.

Ce fut en octobre 1849 qu'il se rendit en Algérie, et pour un mois seulement, ainsi que l'atteste M. Fabrice Labrousse (2).

(1) La lettre d'avis de sa nomination porte la signature de Louis Blanc.

RÉPUBLIQUE FRANÇAISE

LIBERTÉ, ÉGALITÉ, FRATERNITÉ.

« Palais national du Luxembourg.

« *A Pierre-Napoléon Bonaparte.*

« Citoyen,

« C'est avec un plaisir extrême que je vous fais part de la décision prise à votre égard par le Gouvernement provisoire. Nous venons de vous nommer chef de bataillon dans la légion étrangère, bien convaincus que votre intention formelle est de mettre au service exclusif de la République les fonctions confiées à votre loyauté par le Gouvernement républicain.

« Faire servir à l'établissement, à la consolidation, au triomphe complet de la liberté, le prestige attaché au grand nom de Napoléon, c'est se montrer digne de porter un tel nom et bien mériter de la patrie. Le temps des prétentions dynastiques est passé à jamais. La glorieuse révolution qui vient de s'accomplir a définitivement coupé court au régime de la royauté et de tout ce qui lui ressemble.

« C'est parce qu'il vous sait pénétré de cette conviction, imbu de ces sentiments, que le Gouvernement provisoire vient de vous donner une marque de confiance qu'en ma qualité de Corse je suis heureux de vous annoncer.

« Salut et fraternité,

« Le 15 avril 1848.

« LOUIS BLANC,
« Membre du Gouvernement provisoire. »

(2) « J'atteste l'exactitude d'un fait que je vais rappeler plus bas : mes souvenirs sont précis.

« Mon frère, ancien représentant du peuple, avait vécu de longues années dans des relations amicales et continuelles avec le prince Pierre Bonaparte, qui lui montrait un grand attachement et pour lequel, à cause d'une différence d'âge, il avait une affection pour ainsi dire paternelle. S'il vivait encore, il serait bien malheureux et fort indigné de certaines attaques portées par la calomnie au caractère du Prince.

« Ce que j'ai à raconter a trait au voyage du Prince en Afrique.

« Deux ou trois jours avant son départ, au commencement d'octobre, différentes circonstances me fixent sur la date, le Prince vint chez mon frère, suivant une habitude presque journalière; j'y étais.

« — Je pars pour l'Algérie, dit-il.

« — Comment! déjà? répondit mon frère, qui avait bien quelques données sur le projet du Prince, mais qui ne s'attendait peut-être pas à une aussi prompte résolution. Mais qui vous presse et pourquoi quitter l'Assemblée?

« — Pour y revenir bientôt, dans un mois, à peu près, répliqua le Prince. Mes pre-

Il arriva juste à temps pour prendre sa large part des périls du siége de Zaatcha. La preuve en est aux pièces officielles. Il suffit de les lire.

« Ce fut à cette époque, dit le général Herbillon dans son *Histoire* « *du siége de Zaatcha*, que le prince Pierre Bonaparte rejoignit « la colonne expéditionnaire; il prit le commandement du batail- « lon de la Légion étrangère, et le lendemain de son arrivée « (22 octobre), il fut commandé de tranchée, où on le vit prendre « son service avec un air de gaieté, d'assurance et de franchise « qui plut à tous. Aussi quand deux jours après, dans une circons- « tance très-difficile, il déploya la plus grande vigueur et qu'il « donna l'exemple du plus grand sang-froid, personne n'en fut « étonné. » Il rend compte de cet engagement dans lequel le Prince arracha un grenadier des mains d'un Arabe qu'il tua d'un coup de pistolet.

Le rapport du colonel n'était pas moins précis.

« Sous Zaatcha, le 25 octobre 1849.

« *A M. le général Herbillon, commandant la colonne expéditionnaire*
du Zab.

« Mon général,

« Vous m'avez, ce matin, envoyé l'ordre, à la tranchée, par M. le capi- taine d'état-major Regnault, de vous faire connaître les dispositions prises pour assurer la coupe des palmiers pendant la journée.

miers devoirs sont dans ma qualité de représentant du peuple, et, certes, je ne mettrais pas mon mandat en péril par une absence trop prolongée. Je vais me faire reconnaître à la Légion étrangère comme chef de bataillon, et je serai de retour avant le milieu de no- vembre. Il est bien entendu que je ne resterai en Algérie qu'autant qu'il me conviendra, tout en me tenant impérieusement enfermé dans mon titre de représentant du peuple, je prends quelques jours pour faire acte de présence au corps où j'occupe un grade. Ainsi donc, à bientôt.

« Mon frère n'insista pas, convaincu qu'il était de la résolution prise par le Prince de reprendre son poste à l'Assemblée dans le délai qu'il venait d'indiquer.

« Si au lieu de critiquer, de déblatérer à travers les erreurs et les mensongères appré- ciations de l'esprit de parti, on avait égard au témoignage de gens qui savent et disent la vérité, certaines erreurs ne s'accréditeraient point avec une facilité déplorable.

« Paris, 1er mars 1870.

« FABRICE LABROUSSE,
« Auteur dramatique, chevalier de la Légion d'honneur. »

« Je vous ai fait répondre par lui que j'avais confié à M. le commandant Pierre Bonaparte, du 2ᵉ régiment de la Légion étrangère, la mission
de procéder à cette opération importante, à la tête de quatre cents hommes, dont deux cents de la Légion et deux cents du 3ᵉ bataillon d'Afrique.

« Ci-joint, sur les événements importants accomplis dans cette journée,
le rapport de cet officier supérieur, *dont je suis heureux d'avoir à vous signaler la bravoure téméraire, et le coup d'œil militaire digne du nom qu'il
porte.* Atteint violemment d'un énorme pavé sur la poitrine, il est rentré
à son poste, et il a tué de sa main deux chefs arabes, au plus fort de la
mêlée, aux applaudissements de la ligne de tirailleurs.

« Lorsque M. le commandant Bonaparte m'a rendu compte des difficul-
tés qu'il éprouvait à continuer son opération, je suis parti de la tranchée
à la tête d'une troupe de soutien et, après avoir reçu son rapport verbal,
je vous ai fait demander un bataillon de renfort.

Le général Charron lui écrivit de son côté sous la date du 14 novembre 1849.

. . . .

« J'ai rendu compte au ministre de votre rentrée en France, et
« lui ai fait connaître le rapport que m'a transmis le général Her-
« billon sur le combat du 25 où vous avez pris une si honorable
« part.

Le général Plombain, alors chef de bataillon au 43ᵉ de ligne et
engagé au siége de Zaatcha, lui rend le même témoignage.

Et pour en finir sur ce point, il me suffira de vous signaler la
lettre du capitaine Touchet (1) ; elle a été confirmée par la déposi-

______

(1)   « Marseille, le 22 février 1870.

    « Mon cher camarade,

    « Je vous remercie de votre aimable lettre ; mais vous auriez dû me parler de l'évé-
nement d'Auteuil, que chacun se donne le droit d'interpréter à sa façon.
    « La Haute-Cour de justice saura bien, dans sa sagesse, justifier qui de droit.
    « J'ai exprimé, le 3 de ce mois, par une lettre de condoléance à Son Altesse la
princesse Pierre-Napoléon Bonaparte, toute la peine que j'ai éprouvée en apprenant la
provocation brutale, inattendue, inqualifiable et à mains armées faite au domicile et sur
la personne même de Monseigneur.
    « J'ai eu l'honneur de connaître Son Altesse le Prince Pierre-Napoléon Bonaparte au
siége de Zaatcha (Algérie). Les officiers, sous-officiers et soldats qu'il commandait doivent se rappeler son sang-froid imperturbable au milieu des dangers, et son coup d'œil
d'aigle si naturel à sa famille dans les positions les plus dangereuses.
    « Il me semble le voir encore entouré de Bédouins (j'étais à ses côtés, je puis en par-
ler savamment), tuer de sa main deux chefs arabes, qui, dans leur intrépidité, s'étaient

tion si précise que vous avez entendue à cette audience ; un pareil témoignage ne peut laisser un doute à personne.

Que va-t-il se passer alors ? Le 29 octobre 1849 le Prince reçoit la pièce qui suit :

« N° 6. — ORDRE DU GÉNÉRAL HERBILLON.

« *Ordre.*

« M. le commandant Pierre Bonaparte, chef de bataillon hors cadre, se rendra immédiatement à Alger, auprès de M. le gouverneur général, pour remplir une mission concernant l'expédition de Zaatcha.

« Camp de Zaatcha, le 29 octobre 1849.

« Le général de brigade, commandant la division de Constantine.

« HERBILLON. »

Le but de cette mission était de demander un renfort indispensable.

Le Prince part le lendemain pour Philippeville d'où le bateau à vapeur d'Alger devait appareiller le 6 novembre. Le 3 novembre, il rencontre la colonne de renforts envoyés au général.

Il apprend, en outre, à Constantine, que le colonel Canrobert,

trop approchés des troupes qu'il commandait, repousser les autres et rester impassible à son poste, quoique blessé.

« La ligne des tirailleurs dont je faisais partie comme capitaine, et que Son Altesse dirigeait en personne avec une intelligence des plus rares, était électrisée par la bravoure du Prince qui la commandait, c'est dans l'acharnement du combat que je reçus à quelques pas de Son Altesse, une balle en pleine poitrine, qui brisa ma carrière militaire.

« On a écrit, dans certains journaux, que Son Altesse avait quitté son poste, c'est une pure calomnie, M. le général Herbillon, qui commandait en chef le siége, avait ordonné à Son Altesse de se rendre auprès de M. le gouverneur général pour demander du renfort. Obéir à son supérieur, certes, n'est pas quitter son poste, c'est au contraire rester dans son devoir et dans le poste qui vous est désigné.

« Si vous avez, mon cher camarade, occasion de voir Leurs Altesses, veuillez, je vous prie, leur présenter mes hommages très-respectueux, ainsi qu'à M. La Bruyère, et vous, mon cher camarade,

« Recevez ici l'assurance de mes sentiments les plus affectueux.

« C. TOUCHET.
Capitaine en retraite.

« Rue Consolat, 168. »

à la tête d'une force considérable, va faire jonction à la colonne expéditionnaire.

Sa mission lui semble accomplie. Il croit inutile de faire un voyage devenu sans objet : et il prend le bateau à destination de Marseille après avoir envoyé ses dépêches au gouverneur par son ordonnance. Celui-ci en accuse réception sans un mot de blâme. Le ministre s'est montré plus sévère dans l'intérêt de la discipline.

La preuve en est au décret de révocation ; mais, dans la discussion à laquelle ce décret a donné lieu devant la chambre, M. le ministre de la guerre lui-même a rendu hommage à la bravoure du Prince.

Laissons donc les injures de la *Marseillaise* pour ce qu'elles valent, les pièces ont passé sous vos yeux, et vous les avez appréciées.

Nous ne pouvons pas passer sous silence le duel Rovigo que la *Marseillaise* a décoré, suivant son habitude, de circonstances controuvées, voici l'article :

Il y a une vingtaine d'années, deux hommes se rencontraient, ou plutôt allaient se rencontrer dans les bois de Satory pour en découdre. L'un de ces hommes était le duc de Rovigo, l'autre le prince Pierre Bonaparte.

La police, prévenue le matin, avait mis la gendarmerie en campagne. Le brigadier Leblond, de la compagnie de Versailles, se présente avec un gendarme devant le duc et le Prince et leur signifie qu'ils aient à rengaîner ; de plus, il leur demande leurs noms.

M. de Rogivo obtempère au réquisitoire, mais M. Pierre Bonaparte enjoint au brigadier de se retirer, et tire un pistolet de sa poche.

Le brigadier, impassible comme la loi, inflexible comme une consigne, tire son carnet, et s'adressant au Prince :

— Allons, monsieur, ne faisons pas de manières, et remettez votre joujou dans votre poche. J'en ai vu bien d'autres dans ma vie. Qui êtes-vous ?

— Je suis représentant du peuple.

— Et moi, je suis gendarme. Comme représentant du peuple, vous faites les lois ; comme gendarme, je les fais exécuter. Il est défendu de se battre, et vous ne vous battrez pas, moi présent.

Les adversaires se le tinrent pour dit, et se séparèrent pour se rencontrer plus tard.

Le *Corsaire* de l'époque raconta cette affaire par le menu. Quelques jours plus tard, le brave brigadier Leblond était nommé maréchal des logis.

(Union.)

Elle ajoute dans le numéro du 22 janvier :

Le *Pays* racontait hier cet incident du duel qui a eu lieu sous la République entre le prince Pierre Bonaparte et le duc René de Rovigo, alors rédacteur du *Corsaire*.

Il s'est produit dans ce combat un fait qu'on n'a pas dit :

A un certain moment, M. René de Rovigo, ayant été blessé au bras, avait laissé tomber son sabre sur l'herbe.

Aussitôt son adversaire, faisant un bond, s'était emparé de cette arme, et, la brandissant à la manière d'un triomphateur du cirque, il s'écriait d'une voix tonnante, trop tonnante même :

— Ce sabre est à moi ! Je l'ai conquis ! Il m'appartient ! Je le garde.

Un des témoins, le comte de Coëtlogon, eut toutes les peines du monde à lui faire comprendre que les choses ne se passaient pas ainsi en France et qu'il fallait absolument restituer le sabre.

Il finit par obéir, mais en criant toujours :

— Je l'ai conquis ! Il est à moi ! Je veux qu'on me le rende !

C'est l'adversaire de l'accusé lui-même qui va se charger de la réponse, la voici :

« Paris, ce 25 janvier 1870.

« Prince,

« La *Marseillaise*, dans ses numéros du 21 et du 22 janvier dernier, rapporte deux faits complétement erronés, relativement à notre rencontre de 1849.

« En premier lieu, je n'ai aucune connaissance du fait qui vous est reproché par un brigadier de gendarmerie, que vous auriez menacé d'un pistolet. J'étais assez près de vous pour qu'un pareil détail ne pût m'échapper.

« En second lieu, jamais vous ne vous êtes emparé de mon sabre, et, par conséquent, M. de Coëtlogon n'a pas eu à insister pour qu'il me fût rendu.

> « Je suis avec respect,
>
>> « Monseigneur,
>>
>>> « De Votre Altesse impériale,
>>>
>>> « Le très-humble et très-obéissant serviteur,
>>>
>>>> « Le duc DE ROVIGO. »

« *P. S.* J'ajouterai que notre rencontre a eu lieu en présence d'hommes trop honorables pour tolérer aucune irrégularité. »

Nous ne sommes pas à la fin des imputations calomnieuses, et je vous adjure de me suivre encore. Cette œuvre de patience est indispensable, car le prince Pierre Bonaparte veut défendre son honneur d'abord. Les faits du procès ne l'intéressent qu'à cet unique point de vue.

La *Marseillaise* du 24 janvier publiait la lettre suivante :

« Au citoyen Henri Rochefort,

«. Parmi les antécédents du triste héros d'Auteuil, je vais vous citer un fait qui est tout simplement infâme.

« En 1863, j'étais sergent-major au 36e de ligne. Ma compagnie était en garnison à Calvi ; les quatre sergents, le fourrier et moi, prenions pension chez une vieille fille, la nommée Anna Grimaldi, qui soutenait son père infirme depuis 1849. Voici en quelle circonstance le pauvre diable avait été victime de l'assassin de Victor Noir.

« A cette époque, Grimaldi avait vingt ans, il était berger chez M. Ferri-Pisani, riche propriétaire de Vivario, village situé à moitié chemin de Corte à Ajaccio.

« C'était, je crois, dans le mois de juillet, le prince Pierre passait en chaise de poste, à environ 2 kilomètres de Vivario. Sa voiture s'arrête ; il descend armé d'un fusil à deux coups, et fait signe au berger de venir lui parler. Celui-ci accourt aussitôt. M. Pierre le questionne sur ses maîtres et sa famille, puis brusquement lui demande s'il était brave et si la vue d'un fusil ne lui faisait pas peur. Sur la réponse négative du jeune homme, il le met en joue, fait feu, et le malheureux tomba à terre la jambe droite fracassée ; puis du second coup vise le chien, l'étend mort aux pieds de son maître mourant ; puis, joignant l'insulte à son horrible

forfait, il lui jette deux sous en lui disant : « Va boire un verre d'aqua-
« vita avant de crever. »

« Si cet acte odieux n'était pas connu de tout le 36e de ligne et de
toute la Corse, je n'aurais jamais osé le répéter.

« J'accepte toute la responsabilité de ce que j'avance; vous pouvez
donc en toute sécurité le publier dans la *Marseillaise*.

« Croyez, cher et loyal député de la France, à mon ardent amour pour
la liberté, et à mon profond dédain pour la triste dynastie régnante.

« Tout à vous et à la République française,

« BÉNIER. »

« Quoique j'aie encore un an de service, ou plutôt de servitude à faire,
je ne crains pas de signer; vous pouvez donc publier ma lettre avec ma
signature :

« Léon-Justin Bénier, sergent major en congé illimité, à Rouen, 70, rue
du Renard. »

En présence d'une accusation aussi abominable, notre premier
soin a été de rechercher l'auteur de la dénonciation. Or, il n'existe
pas... Les amis du Prince, les autorités civile et militaire ont tout
soulevé, à Paris, à Rouen, en Corse, partout où on a pu soup-
çonner la trace de ce prétendu sergent, et on ne l'a découvert
nulle part. Suivons leurs démarches :

« Couvent Dako di Prato, le 31 janvier 1870.

« Cher M. X...,

« Ayant appris que la *Marseillaise* du 24 janvier vient de publier un article signé par
un sous-officier de la garnison de Calvi, nommé Bénier, je me suis empressé d'aller
chercher ce brave militaire, qui n'a jamais existé.

« Le prince Pierre est connu dans ma contrée par les innombrables actes de bienfai-
sance, et non pour avoir cassé des jambes.

« Je vous citerai comment Son Altesse cassait les jambes.

« Un jour, on est venu lui dire que le nommé Simon Torquini, berger, avait été
amputé, et, le lendemain, ce malheureux recevait 100 fr. de la part du Prince; plus tard,
le Prince lui fit venir une jambe de bois de Paris. Un autre malheureux, nommé Jean de
Teodoro, amputé, a été traité comme l'autre, et il se promène encore avec une jambe de
bois donnée par Son Altesse.

« Je vous remercie, bien cher docteur, de l'espoir que vous me donnez pour la ma-
ladie de mon fils, et vous prie d'être mon interprète auprès de toute votre aimable
famille.

« Votre serviteur et ami dévoué,

« MORINI. »

« Corte, le 14 février 1870.

« Monsieur le Procureur général,

« J'ai l'honneur de vous adresser les renseignements confidentiels que vous m'avez demandés au sujet des faits contenus dans une lettre qui a paru au journal *la Marseillaise*, le 24 janvier dernier.

« Personne à Corte, à aucune époque, n'a entendu parler du crime qu'on impute au prince Pierre Bonaparte, d'avoir commis, en juillet 1849, dans les environs de Vivario, sur la personne d'un malheureux berger, qui, au dire de la lettre susmentionnée, aurait eu la jambe droite fracassée par un coup de fusil que le Prince aurait tiré sur lui.

« Si, ainsi qu'on a osé l'affirmer, la Corse tout entière avait eu connaissance de cet horrible forfait, il est impossible qu'à Corte, c'est-à-dire à quelques kilomètres à peine du lieu où ces faits se seraient passés, on n'en eût jamais entendu parler, et qu'on n'en eût pas gardé le souvenir.

« Or, à Corte comme à Vivario, comme partout dans cet arrondissement, dès que la lettre publiée par la *Marseillaise* a été connue, il n'y a eu qu'un cri pour protester contre la fausseté et l'infamie d'une pareille accusation.

« Je dois, d'un autre côté, vous faire savoir, monsieur le Procureur général, que je me suis livré, dans mon parquet, aux recherches les plus minutieuses, et que je n'ai retrouvé dans ses archives aucune trace du procès-verbal de plainte, ou même de correspondance se rattachant à l'affaire dont il s'agit.

« Je ne dois pas également oublier de mentionner qu'il n'existe à Vivario aucune famille portant le nom de Ferri-Pisani, et qu'il paraît certain que le prince Pierre Bonaparte ne s'est rendu ni à Vivario, ni à Corte, dans l'année 1849.

« Veuillez agréer, etc.

« Le procureur impérial,

« MATTE. »

« Calvi, le 15 février 1870 (Corse).

« Monsieur le Procureur général,

« En réponse à votre dépêche confidentielle du 11 de ce mois, au sujet de la lettre publiée dans la *Marseillaise* du 24 janvier 1870, j'ai l'honneur de vous transmettre les renseignements suivants :

« Anna Grimaldi, aujourd'hui âgée de trente-neuf ans, s'est mariée, le 22 avril 1856, avec le nommé Frontinac (Victor), alors infirmier à l'hôpital de Calvi.

« Elle a quitté cette ville un an après son mariage, pour suivre son mari, actuellement employé dans les chemins de fer à Bordeaux.

« Elle n'est plus retournée à Calvi depuis cette époque. Elle n'a jamais tenu pension dans cette ville.

« Au surplus, elle n'y était plus en 1863.

« C'est sa sœur, Grimaldi (Catherine), épouse Damelli, qui donnait à manger, en 1863, aux sous-officiers de la garnison.

« Elle a deux frères, qui ne sont infirmes ni l'un ni l'autre.

« L'un, Grimaldi (Antoine), âgé de quarante-sept ans, est cantonnier à Calvi depuis 1845 ; l'autre, Grimaldi (Jean-Baptiste), a servi dans le train des équipages, et depuis sa libération il s'est établi à Marseille, où il exerce la profession de cordonnier.

« Il habite Marseille depuis cinq ans. Le frère estropié ou infirme n'a jamais existé.

« Daignez agréer, etc.

« Le procureur impérial,

« JOSEPH ARRIGHY. »

Quant au fait en lui-même, il n'existe pas davantage. Les habitants de la commune de Calenzana théâtre de ce crime imaginaire ont unanimement protesté dès qu'ils ont connu les allégations mensongères de la *Marseillaise*. Ainsi tout l'odieux de la calomnie retombe sur ses auteurs.

Divers exemplaires de cette protestation qui sont aux pièces portent plus de 300 signatures.

La Corse et la Belgique n'ont pas été les seules à envoyer leurs témoignages d'estime et de sympathie à l'accusé. Les habitants d'Auteuil déposent à l'envi de sa vie calme et paisible, de ses habitudes de famille, et c'est, disent-ils, un honnête homme dans toute l'acception du mot.

Voulez-vous savoir ce qu'en pensaient deux hommes illustres à des titres différents, mais également chers à la démocratie?

Le premier, Lamartine, grand par le génie, et qui a enrichi de son œuvre le trésor littéraire de la France;

Qui dans des moments difficiles a jeté son grand cœur dans la balance des révolutions, et, bravant mille fois la mort en février 1848, put empêcher le drapeau rouge de flotter sur l'Hôtel-de-Ville de Paris.

Voici sa lettre écrite à l'occasion de la mort de la mère du Prince Pierre Bonaparte.

« Vous avez bien préjugé de mes sentiments, mon Prince, en pensant que je partagerais votre tristesse à la nouvelle de la perte que vous venez d'éprouver. Je connaissais le mérite comme vous connaissez la tendresse de cette femme véritablement supérieure. Elle laissera un nom même dans une famille si pleine de bruit et de renommées. Je sais par ses lettres qu'elle ne rougissait pas de sa parenté avec notre famille et j'en ai été reconnaissant. *Cette reconnaissance s'est accrue de tous les sentiments que vous m'avez témoignés vous-même en actions pendant l'année mémorable de ce siècle. Recevez donc mes consolations et mes vœux.*

« J'ai bien regretté de ne pas vous *trouver dans votre salon, mais j'y ai trouvé mon image sur votre cheminée et ce souvenir cordial me touche le cœur et l'*ORGUEIL. Je serai plus heureux un de ces jours.

« A. de LAMARTINE.

« Paris, 17 juillet 1855. »

Le second dont je veux placer le témoignage sous vos yeux est un de nos plus illustres confrères; cœur chaud, parole éloquente consacrée depuis un demi-siècle à la défense des intérêts publics et de la liberté.

« Paris, 1er juin 1854.

« Mon cher ancien collègue,

« Vous comprendrez facilement qu'une longue absence est mon excuse près de vous. Je viens de passer dans la Drôme cinq semaines, quinze jours dans l'Hérault. A mon arrivée de la Drôme, *je trouvai votre carte qui me fit grand plaisir;* à mon arrivé de l'Hérault, *je trouve votre lettre qui me donne une véritable joie. Il m'en coûtait vivement de craindre* VOTRE OUBLI. Le siècle est si fécond dans ce genre et ma position m'a fait voir tant de palinodies, que j'ai le frisson quand je ne vois plus, pendant un certain temps, un homme à *qui j'ai donné quelques preuves d'attachement ou de sympathie dans des circonstances difficiles.*

« Je ne vous savais pas en Corse; depuis le 2 *décembre je n'avais plus entendu parler de vous; jugez si j'ai été heureux d'apprendre que les événements* VOUS ONT LAISSÉ LE MÊME POUR MOI ! *Seulement, laissons, je vous prie, de côté le mot de reconnaissance. Quand la famille de Napoléon était proscrite, je remplissais un devoir de cœur en demandant que les portes de la France s'ouvrissent à ce* GRAND NOM ; *quand février m'eut donné le pouvoir, ma sympathie pour cette famille rentrée dans ses droits était à mes yeux une dette patriotique. J'ai été fier de pouvoir être utile au fils de Lucien, désolé de* NE POUVOIR PAS DAVANTAGE. *En échange de* MES SENTIMENTS D'AFFECTION POUR VOUS, J'ACCEPTE LES VOTRES, *mais vous ne me devez rien au delà.*

« Etranger à tout ce qui se passe dans le monde politique depuis le 2 décembre, je ne sais *pas même quelle est votre situation mais quelle qu'elle soit aujourd'hui et dans l'avenir, je dirai de vous avec le même attachement :* TU ES PETRUS.

« Ma femme vous envoie ses meilleures amitiés, moi toutes les miennes.

« AD. CRÉMIEUX »

Je pourrais vous en citer bien d'autres et des meilleures, car je n'ai que l'embarras du choix parmi les marques d'estime et de sympathie qui n'ont jamais cessé d'entourer l'homme que je défends.

Mais j'ai hâte d'en finir sur cette première partie de la défense dont nos adversaires ont seuls causé les longueurs.

Il n'était pas possible, en effet, d'entrer dans l'examen des faits spéciaux du procès sans avoir réduit à néant ces innombrables calomnies dont la moindre suffirait à déshonorer un galant homme. Si j'avais agi autrement, vous n'eussiez pas voulu m'entendre, vous ne m'eussiez pas pardonné de ne pas protester contre les manœuvres d'une certaine presse, pour égarer l'opinion publique.

Un accusé, quel qu'il soit, a droit au respect de tous dès qu'il est aux mains de la justice ; et des journaux qui se prétendent les sentinelles avancées de la liberté, n'ont pas craint de donner le triste exemple de leurs fureurs déchaînées contre un prévenu dans l'impossibilité de se défendre. Les uns se contentent de la grossière injure, ils sont les plus nombreux ; d'autres énumèrent gravement les charges prétendues, et dans des discussions burlesques ont la prétention, en dehors des débats, de faire la lumière sur le procès. La brochure anonyme vient en aide à la feuille quotidienne ; elle examine les antécédents de l'accusé, et voici l'un de ces édifiants résumés :

Prince du revolver,

Duc de la carabine,

Chevalier du poignard,

Grand feudataire des Calabres,

Suzerain des maquis,

Violateur des filles,

Souffleteur des vieillards,

Bobèche politique.

Le torrent déchaîné des imprécations et des injures écrites est monté jusqu'au siège de la magistrature ; hier encore vous entendiez retentir à l'audience ces cris d'un forcéné : Assassin ! assassin ! à mort ! à mort !

Ah ! ce n'est pas ainsi que la vaillante génération de 1830 comprenait son devoir contre des ennemis vaincus.

La Révolution avait triomphé, les ministres responsables des ordonnances sont traduits en justice ; leurs défenseurs ont écrit aux journaux pour leur rappeler la réserve que l'humanité leur impose au moment où le procès va s'engager.

Carrel, le grand Armand Carrel, l'ami intrépide du peuple, le modèle des républicains, répondait dans le *National* par les lignes suivantes :

« Les journaux auraient pu considérer cette recommandation
« comme inutile à leur égard, mais ils n'y ont vu qu'une prudence
« louable de la part des avocats, et ils ont imprimé la lettre qu'ils
« en avaient reçue. *Depuis comme avant* ils se sont interdit de pré-
« juger par des opinions l'issue d'un procès qui n'apppartient qu'à
« la justice et *dont le résultat doit être appuyé sur des faits sou-*
« *mis à un examen raisonné* ».

Les menaces de mort et les inscriptions les plus atroces couvraient les palissades du Luxembourg, et le même homme écrivait encore :

« Les accusés sont pour nous chose sacrée. . . . , ...

« Ne commandez pas à la chambre haute de verser du sang, de
« condamner, attendu qu'elle juge suivant sa conscience, et non
« pour obéir aux cris des furieux.

« Réparation, vengeance si l'on veut par la loi, mais vengeance
« contre la loi, il n'en faut pas. La violation de la loi tue tôt ou tard
« celui qui s'y livre. »

Admirables paroles qui doivent rester gravées dans la conscience de tous. Loin de nous donc ces passions folles et ces moyens dangereux : cherchons la vérité avec calme, et que chacun accomplisse, dans le rôle qui lui appartient, l'œuvre d'une loyale justice.

Nous sommes au 10 janvier dans le salon du Prince, à Auteuil. Quels sont les acteurs en présence ?

L'accusé d'abord ; vous connaissez sa nature impressionnable, ses habitudes militaires.

Puis Fonvielle, je ne sais de son caractère que ce que vous en savez vous-même ; mais il nourrit une haine implacable contre la famille Bonaparte : il a des maximes qui sont peu rassurantes pour la conscience du juge : *Quand il s'agit d'un Bonaparte, on peut faire un faux serment sans se déshonorer.* Voilà un de ses axiomes.

C'est de sa bouche qu'un témoin a recueilli cet aphorisme d'une moralité plus que douteuse : *La calomnie est une arme permise contre les ennemis politiques.*

Or, c'est le même homme qui s'écriait le 12 janvier sur une tombe :

« Victor Noir, mon ami, mon frère, toi qui as arrosé de ton sang la demeure d'un Prince pour la sainte cause de la République,

« Je te vengerai !

« Je te vengerai !

« Je te vengerai ! »

C'est lui qui hier encore troublait votre audience de ces cris sinistres que la Cour a dû réprimer. Lorsque je réfléchis sur ce singulier témoin, je me souviens malgré moi de l'enseignement du philosophe de Genève : « Quelque raison qui détermine un accusa« teur, fût-ce même un motif de pure vertu, toujours est-il que, du « moment qu'il accuse, il est animé du désir de montrer l'accusé « coupable, ne fût-ce que pour ne pas passer pour un calomnia« teur. »

Fonvielle s'est-il rendu coupable du fait de détournement révélé par Cervoni? De Kergomard le nie, Cervoni l'affirme; et si ce dernier a déserté à l'intérieur et subi pour ce fait une condamnation disciplinaire, il n'en est pas moins un honnête homme, porteur des attestations les plus honorables.

Quoi qu'il en soit, le jury appréciera.

Puis venait enfin Victor Noir. Je m'incline devant sa tombe *, mais je ne peux pas oublier que la vérité a ses droits même à l'égard des morts, surtout quand la justice et l'intérêt d'un accusé lui imposent de se révéler.

Il avait vingt et un ans, et il était connu dans les lettres seu-

---

* L'accusé fait remarquer au défenseur, qu'en général, tous ceux qui meurent ont une tombe, et que Tropmann lui-même en a une.

lement par sa force herculéenne, lorsqu'un événement, qui eut un grand retentissement, le fit sortir de son obscurité.

L'Événement illustré disait dans son numéro du dimanche 14 juin 1868 :

Le sieur Stamir vient de faire paraître un journal intitulé l'*Inflexible*, dans lequel il raconte l'histoire de son duel avec un zouave pontifical, duel qui n'a jamais existé. Il l'avoue, du reste.

A ce propos il traîne dans la boue deux honnêtes hommes, deux confrères, Jules Vallès et *Victor Noir*.

Hier soir, le sieur Stamir passait devant le café de Suède : là il arrêta M. Bouvier auquel il réclama un exemplaire avant la lettre de ce journal qui ne paraît qu'aujourd'hui.

M. Victor Noir l'apercevant, se jette sur lui et lui administre une correction à laquelle Stamir n'échappa qu'en se réfugiant dans un fiacre.

Un rassemblement s'en suivit. Le public, ignorant ce qui s'était passé, prit d'abord fait et cause pour Stamir; mais, mis d'abord au fait de la situation, il sut à quoi s'en tenir.

Pendant une heure, le sieur Stamir, malgré les sergents de ville qui n'en pouvaient mais, resta attablé au café, et là continua à insulter, disant qu'on avait peur de lui et que M. Noir abusait de sa force, mais n'osait pas aller sur le terrain.

La vérité vraie, la voici. C'est que M. Victor Noir était prêt à rendre raison à Stamir par les armes pour une scène analogue qui s'est passée il y a un mois, mais que Stamir n'a pu trouver de témoins.

RAOUL DE PRESLES.

Une polémique violente s'engage dans les journaux, et Rochefort se prétendit injurié par les rédacteurs de l'*Inflexible*. Il eut la pensée d'en demander raison, non pas aux auteurs des articles, mais à l'imprimeur, M. Rochette. La conduite tenue à l'occasion de cette provocation jette un grand jour sur les habitudes de ces duellistes, et de Victor Noir en particulier.

Donc, le 9 juillet 1868, M. Rochefort se rend chez l'imprimeur Rochette, accompagné de ses deux témoins, *Victor Noir* et *Émile Blavet* ; arrivés rue Vavin, ces MM. descendent de voiture pour acheter une canne. Cette acquisition fut faite, dit Blavet dans l'instruction, en vue d'avoir une *arme défensive*, car nous ignorions ce qui nous attendait dans l'établissement, et quelles personnes nous pourrions y rencontrer.

Victor Noir reconnaît qu'en route il a engagé Rochefort à acheter une canne, et il dit : *j'agissais ainsi par prudence.*

Rochefort affirme que le marchand Armand lui a offert une canne plombée : celui-ci s'en défend, par l'excellente raison qu'il n'en avait pas.

Les précautions ainsi prises, M. Rochette va nous raconter la scène dont il a été la victime.

« L'an 1868, le 20 juillet.
« Devant nous de Gonet,
« Est comparu :
« Rochette, Alfred Eugène, 45 ans, imprimeur, boulevard Montparnasse, 72.
« Déclare :
« Je confirme, après lecture, la plainte que j'ai adressée à M. le procureur impérial le 9 de ce mois.
« Je confirme également ma déclaration du 18 courant aux termes de laquelle je me porte partie civile.
« M. Rochefort s'est présenté dans mon établissement le 9 du courant à midi et demi. Il a demandé à la nommée Elise attachée à mon imprimerie, s'il y avait du monde dans les ateliers et dans les bureaux, et si j'étais chez moi. Cette jeune fille lui a répondu qu'il n'y avait personne dans les ateliers et dans les bureaux, mais que j'étais dans mon appartement. M. Rochefort est entré dans le bureau où se trouvait un employé qui est venu me prévenir. Je suis descendu, croyant avoir affaire à un client. *Dans mon bureau* j'ai trouvé *deux personnes* qui m'étaient totalement inconnues. L'une d'elles m'a demandé si j'étais Rochette. J'ai répondu affirmativement. Au même instant une troisième personne est entrée. Ce nouveau venu, que j'ai su depuis être M. Victor Noir, a refermé la porte du cabinet sur lui et s'est placé devant comme pour en défendre l'accès. La personne qui était entrée en premier lieu avec celle qui m'avait demandé si j'étais bien Rochette (j'ai su depuis que c'était M. Émile Blavet), fit le même mouvement que M. Victor Noir, et se plaça avec lui devant la porte. Ce mouvement fait, celui qui m'avait interpellé m'a dit qu'il était Henri Rochefort, et *il me demanda si j'étais bien l'imprimeur de l'Inflexible.* Je répondis oui. Alors M. Rochefort me dit : Je ne

puis pas me battre avec des voleurs, des escrocs et des repris de justice,
je vous crois un honnête homme, et je viens vous proposer de vous
battre avec moi. « Je répondis à M. Rochefort : « Je ne suis qu'un ins-
trument, un barbouilleur de papier, j'imprime l'*Inflexible* comme j'im-
primerai la *Lanterne*, sans vérification. » Au même instant, mon adminis-
trateur, M. Johnson, qui venait de déjeuner, entra dans mon bureau,
enfonçant la porte dont MM. Blavet et Noir obstruaient le passage. Je
dis à M. Johnson : Je vous présente M. Rochefort. — Je ne parlai pas
des autres dont les noms m'étaient alors inconnus. Cette présentation
faite, je dis à M. Johnson : « Vous ne vous douteriez pas de ce que vient
me proposer M. Rochefort, homme de lettres. Il me propose un duel.
« M. Johnson leva les bras en l'air en se retournant et dit : « Est-il possible ? » — A l'instant même, M. Rochefort me donna un soufflet et me
porta *plusieurs coups avec une canne plombée. Ces coups étaient dirigés sur
la tête. Le mouvement que je fis pour les esquiver les détourna, et je les reçus
sur l'avant-bras gauche.* M. Johnson s'élança alors vers les ateliers pour
appeler à l'aide. M. Rochefort, profitant de la stupéfaction dans laquelle
m'avait plongé cette agression, se mit derrière MM. Blavet et Victor
Noir, et ils se précipitèrent tous trois sur la cage de l'escalier. Ils ga-
gnèrent en courant une voiture qui les attendait devant la porte, et ils se
sauvèrent.

« MM. Blavet et Victor Noir étaient armés chacun d'une canne ; je ne
sais si elles étaient plombées. Voici ce qui me fait dire que celle de
M. Rochefort était plombée : sa canne, en me frappant, enveloppa pour
ainsi dire mon bras ; il était évident que la partie plombée, ne frappant
pas directement, faisait ployer la canne.

« Il est certain pour moi que M. Rochefort est venu me trouver à une
heure où il avait la certitude qu'il n'y avait chez moi ni ouvriers, ni
employés. J'ai également la conviction que MM. Blavet et Noir ont accompagné M. Rochefort dans le but de lui faciliter les voies de fait dont
je devais être l'objet, et dans le but de le garantir contre toutes repré-
sailles possibles.

L'instruction a vérifié l'exactitude des faits de la plainte, et, par
jugement du 7 août 1868, Rochefort a été condamné à 4 mois
d'emprisonnement.

Voilà les procédés de ces Messieurs établis judiciairement. On
veut se battre en duel avec un homme qu'on n'a jamais vu ; on
envahit son domicile, et on le roue de coups. Ce n'est pas plus
compliqué que cela.

Quant à la tenue de Victor Noir dans les restaurants et les cafés, les témoins ont été unanimes pour déclarer qu'il n'était pas précisément un saint Vincent de Paul, ainsi qu'on l'a qualifié dans une brochure récente. Son caractère, dit le témoin Defresne, était difficile et provoquant, le moindre prétexte lui suffisait à soulever des discussions.

Vous avez entendu ce limonadier rappelant le fait d'un consommateur parlant de Paul de Cassagnac ; Victor Noir, qui était à l'extrémité de l'appartement, s'élança sur lui pour le frapper.

Le témoin Constant, qui tient un bal à l'ancienne barrière du Maine, connaît Victor Noir comme un habitué de sa maison ; il n'était pas facile, et soulevait souvent des rixes, *ce qui*, dit le témoin, *n'arrive qu'au deuxième ou troisième monde*. A Bordeaux il provoque une sentinelle inoffensive et la menace d'un coup de couteau sans qu'on sache pourquoi. Enfin, le 27 février 1869 la 7ᵉ Chambre le condamnait à 25 francs d'amende pour outrage aux agents.

Voilà des faits suffisants pour qu'il n'y ait pas de doute sur le caractère de cet homme :

Voulez-vous un modèle de son urbanité ? Le voici dans la petite anecdote suivante :

A la suite d'un article du *Pays* dans lequel M. Paul de Cassagnac avait dit que, pendant les derniers troubles, au moment où l'on traquait et pourchassait les journalistes, M. Victor Noir était en compagnie de MM. Paul Meurice et Charles Hugo, à banqueter au restaurant du Helder, l'édifiante correspondance qu'on va lire a été échangée entre MM. Victor Noir et de Cassagnac.

Voici d'abord en quels termes, M. Victor Noir a cru devoir démentir le récit du *Pays* :

« Monsieur le Rédacteur, aux assertions de M. Paul de Cassagnac, je n'ai qu'une chose à répondre : M. Paul de Cassagnac en a menti.

« *Signé* : VICTOR NOIR,

4, rue Geoffroy-Marie. »

M. de Cassagnac a répondu :

« J'ai l'habitude d'avoir affaire à des gens bien élevés. Je vous renvoie donc votre lettre, j'en attends une plus polie pour y faire droit.

« Signé : PAUL DE CASSAGNAC. »

M. Victor Noir a fait à cette lettre la réponse suivante :

« Monsieur, il est des gens avec lesquels on est dispensé d'être poli, et M. de Cassagnac est de ceux-là. Je maintiens donc les termes de la lettre que j'ai adressée au journal *le Pays*.

« Son insertion serait un acte de loyauté dont M. de Cassagnac, chevalier de la Légion d'honneur, est incapable.

« Il conservera donc le démenti que je lui ai infligé, comme il a conservé le soufflet qui lui a été si vigoureusement appliqué par M. Lullier.

« Signé : VICTOR NOIR. »

Mais le colonel Grégoire nous le livre sous un jour tout nouveau dans la brochure qu'il vient de publier.

Une religieuse se plaint d'avoir été victime d'un homme haut placé, et quelques journalistes généreux s'intéressèrent à sa situation d'accord avec le vieux soldat. La justice est lente et il y a cependant urgence. Victor Noir veut intervenir, et voici la conversation qui s'échange entre lui et le colonel.

Il n'y a pas de choix entre deux partis, il n'y a qu'un moyen : *l'esclandre.* — Et cela me va.

« C'est la chose du monde la plus simple, ajouta Noir. Je vais chez ce particulier avec un ami, je lui dis : Sœur G... est ma compatriote ; puis, à la *moindre* grimace *qu'il fait, je lui campe une giffle*, et je lui lance cet adieu : « *A une* prochaine fois, si vous ne tenez pas votre engagement. »

Je ne savais si j'entendais un toqué ou un Don Quichotte. Je préférai admettre la deuxième hypothèse. « Vous vous méprenez, monsieur, lui dis-je, le chevaleresque a fini son temps.

« En outre, ce grand seigneur est un poltron, il ne se battra pas, et dans le fait il aurait tort de le faire ; il appellera ses gens et vous irez vous expliquer en police correctionnelle. »

La réponse de Victor Noir, caractérise l'homme.

« Si M. de*** ne dépose pas une plainte ; je raconterai dans tous les cafés que je l'ai souffleté ; *et cela me posera*. Si, au contraire, il se plaint, mon avocat le mettra dans le troisième dessous, il fera mousser mon dévouement à une cause d'humanité ; et *cela me posera bien mieux encore.*

« Voici la notice consacrée à un homme qui a été préfet de police, ministre, et sénateur ; cette notice de M. Maupas n'a que trente lignes. Voilà la biographie du marquis de Maubreuil, mort en 1855 ; il n'est connu que par le soufflet qu'il a donné au prince de Talleyrand. Sa notice tient cinq colonnes de 80 lignes chaque. »

« M. de Maubreuil n'est pas mort, répondis-je, et puisque vous êtes fournisseur de *faits divers*, vous pouvez utiliser ce redressement de l'erreur du biographe.

« Mais la voie de fait dont il s'est rendu coupable lui a attiré cinq ans de prison. »

« *A notre époque, les coups ne sont pas tarifés si haut. J'attraperai peut-être six mois, un an au plus. Mes amis viendront me voir, et on parlera de Victor Noir.* »

L'esclandre n'eut pas lieu, par égard pour la pauvre nonne, je veux bien dire ce qui l'empêcha d'être réalisée.

Maintenant, que le lecteur rapproche ce projet avorté, du fait analogue dans lequel le même Noir a figuré avec MM. Blavet et Rochefort ; et que le bon sens juge le 3e fait : celui d'Auteuil.

Ne découvre-t-on pas là une spécialité bien marquée : *un appétit maladif de notoriété ?*

La gloire conquise à coups de poings ; c'était dans ses moyens.

Nous connaissons les personnages, examinons la cause qui va les rapprocher.

Une polémique ardente s'était engagée entre deux journaux corses ; l'un, l'*Avenir de la Corse*, fondé en 1861, et défenseur dévoué des idées napoléoniennes ; l'autre, la *Revanche*, fondé en 1868 par Thomassy, ancien rédacteur du *Progressif*, journal socialiste.

Thomassy est allié à la famille de *Barthélemy Aréna*, qui était, au 18 brumaire, député au conseil des Cinq-Cents, et dont le frère, Joseph Aréna, fut compromis dans une conspiration contre le premier consul Bonaparte. Arrêté à l'Opéra, au moment où le complot allait recevoir son exécution, puis condamné à mort ; l'exécution eut lieu le 31 janvier 1801.

La lutte entre les deux journaux était arrivée au paroxysme de
la violence, et le Prince voulut écrire une lettre adressée surtout
aux bergers, aux soldats, aux hommes du peuple de son pays.
« Ils verront ainsi, disait-il, que je ne les oublie pas. »

Et la lettre est écrite, vous la connaissez puisque vous en avez
entendu la lecture; mais il est nécessaire de vous expliquer
certains mots de cette lettre usités en Corse et inconnus chez
nous.

Les *furdani* sont les mendiants, les *niolini* du marché sont
les habitants d'une province qui en prennent leur nom, comme
les Normands ou les Bretons en France.

Le mot qui a soulevé toutes les indignations, *le stentine
per le porette*, les tripes aux champs, est du stylo en usage dans
les casernes, et l'équivalent de nos locutions, — *brûler la cervelle,
— mordre la poussière*, — à la portée de ceux à qui la lettre est
destinée.

Vous remarquerez que l'article ne nomme personne. L'écrivain
y combat des opinions, il y défend les siennes, mais sans un mot
d'attaque contre les signataires des articles.

Thomassy ne se crut pas personnellement offensé par cette lettre,
il n'eut pas la pensée de demander une réparation ; seulement,
dans le numéro de son journal qui suivait la réception, il y répondit par un article d'une extrême violence.

Le parti du Prince fut pris dès qu'il eût connaissance de cet article. Il voulut une réparation par les armes ; il choisit pour ses témoins MM. de la Rocca et Paul de Cassagnac, et offrit à son adversaire de faire la moitié du chemin entre Paris et Bastia. Tandis que
ces dispositions étaient prises, la *Marseillaise* publiait sous la date
du 9 janvier un article aussi violent que celui de Thomassy.

Le Prince fut indigné à la lecture des insultes que contenait cet
article : — Eh bien dit-il à ses témoins, au lieu d'un duel, j'en aurai
deux ; mais je ne puis pas me commettre avec le premier venu.
M. Rochefort étant directeur de la *Marseillaise*, c'est à lui natu-
rellement que je dois demander réparation. Il était d'ailleurs l'au-

teur de la *Lanterne*, qui avait prodigué l'outrage à tous les morts de cette famille, et calomnié les vivants, sans égard à l'âge ou au sexe. Ces affronts sanglants s'étaient gravés dans le cœur ulcéré du Prince. Il allait enfin se trouver en face du profanateur de son autel domestique.

Il écrivit en conséquence à M. Rochefort la lettre que vous connaissez déjà (1).

On a dit et imprimé que cette lettre était insultante. Je prie ceux qui formulent cette accusation de la rapprocher des indignités amoncelées par le destinataire contre tous ceux morts ou vivants que l'accusé doit respecter et défendre.

Quoi qu'il en soit, sachons quelle a été la conduite des rédacteurs de la *Marseillaise* et de M. Grousset en particulier. On voulait, disent-ils, provoquer le Prince Pierre Bonaparte en duel pour les insultes adressées au journal *la Revanche*. Mais M. Grousset ne figure même pas parmi ses rédacteurs. Aucun, d'ailleurs, n'a été nommé dans la lettre du 22 décembre.

En tout cas, les conditions d'une rencontre doivent être déterminées d'après certaines règles édictées au code spécial, car le

---

(1)   Paris, 9 janvier 1870.

   « Monsieur,

« Après avoir outragé, l'un après l'autre, chacun des miens, et n'avoir épargné ni les femmes ni les enfants, vous m'insultez par la plume d'un de vos manœuvres.

« C'est tout naturel, et mon tour devait arriver.

« Seulement, j'ai peut-être un avantage sur la plupart de ceux qui portent mon nom : c'est d'être un simple particulier, tout en étant Bonaparte.

« Je viens donc vous demander si votre encrier se trouve garanti par votre poitrine, et je vous avoue que je n'ai qu'une médiocre confiance dans l'issue de ma démarche.

« J'apprends, en effet, par les journaux, que vos électeurs vous ont donné le mandat impératif de refuser toute réparation d'honneur et de conserver votre précieuse existence.

« Néanmoins j'ose tenter l'aventure dans l'espoir qu'un faible reste de sentiment français vous fera vous départir, en ma faveur, des mesures de prudence et de précaution dans lesquelles vous vous êtes réfugié.

« Si donc, par hasard, vous consentez à tirer les verrous qui rendent votre honorable personne deux fois inviolable, vous ne me trouverez ni dans un palais ni dans un château; j'habite tout bonnement, 59, rue d'Auteuil, et je vous promets que si vous vous présentez, on ne dira pas que je suis sorti.

« En attendant votre réponse, j'ai encore l'honneur de vous saluer.

                                   « PIERRE-NAPOLÉON BONAPARTE. »

duel a aussi son code; et lorsqu'un groupe est insulté et qu'il veut demander réparation, il doit déléguer un de ses membres pour venger l'insulte. Un cartel en nom collectif est toujours refusable, et il appartient à celui qui le reçoit ou de choisir parmi ceux qui le présentent, ou de demander que le sort désigne l'un d'eux. (Article 7 du Code.)

La rédaction de la *Revanche* a-t-elle demandé une réparation? Non. A-t-elle désigné un de ses membres? Non.

M. Grousset prétend avoir reçu une lettre spéciale de M. Farenolet avocat, à la date du 4 janvier; mais d'abord elle n'est pas représentée; d'autre part, rien ne prouve qu'il y soit question de réparation à demander. D'ailleurs les faits protestent contre cette idée.

La lettre du prince Pierre Bonaparte est du 22 *décembre*, elle a été insérée dans l'*Avenir de la Corse* du 30 *décembre*, qui, à raison du jour de l'an, a paru *le* 29, et a été envoyé à la *Marseillaise* le même jour. Depuis le 29, M. Grousset, qui se prétend si gravement offensé selon lui, n'a pas élevé la voix.

M. Tomassy, rédacteur en chef de la *Revanche*, ne s'est pas cru autorisé à demander une réparation par les armes, puisqu'il s'est borné à répondre à la lettre par un article du 5 janvier. Le prétexte est vraiment trop grossier. Ce que vous avez voulu, ce que vous avez cherché, c'était une occasion d'agression violente pour envahir le domicile du Prince, pour l'insulter, pour le frapper, pour publier le lendemain qu'un Bonaparte avait été souffleté par une main très-démocratique, et qu'il avait refusé de se battre en duel. Plus de doute sur ce point, après la déclaration si précise de Villion, de mademoiselle Morin, de Fourquin. Rappelez-vous les propos tenus par des commis de magasin du quartier de la *Marseillaise*, le 5 janvier au soir.

« *Il va se passer quelque chose de drôle ces jours-ci, on doit provoquer le prince Pierre Bonaparte, et s'il ne se bat pas, on le tuera dans son bureau,* » cinq jours avant l'événement???

Le 9 janvier vers 4 heures et demie du soir, Chabrillat rencontre Victor Noir, qui lui déclare qu'il doit être témoin du duel avec

Pierre Bonaparte. Il trouva cela *très-chic*, mais on cherche le prétexte, le nom du provocateur n'est pas encore inventé, le jour de l'agression n'est pas fixé.

C'est le cartel que le Prince adresse à Rochefort, c'est la lettre écrite le 9 janvier qui hâte l'éclosion, et décide le choix des acteurs, le moment et la forme de la mise en scène.

M. Millière convient qu'il a vu M. Rochefort le matin du 10 janvier, qu'il devait être son témoin; qu'il avait ensuite causé avec Grousset. On avait donc pu s'entendre, on s'était entendu; on voulait, dit-on, se battre ce jour même, on cherchait le second témoin Arnoult, et c'est à la suite de ces délibérations que le départ pour Auteuil aurait été arrêté.

Mais le duel avec Rochefort n'était pas possible ce même jour. Arnoult convient qu'il n'est parti qu'à 2 heures et demie pour Auteuil. Il fallait s'entendre avec le Prince; il devait demander le temps indispensable pour trouver des témoins; ces témoins d'une et d'autre part choisis auraient besoin de se voir, de se concerter pour fixer le terrain et arrêter les conditions du combat : ils devaient en référer à leurs commettants. Le temps matériel faisait défaut pour se battre ce jour-là, 10 janvier, où il fait nuit à 4 heures. Tout dément l'invention faite après coup de cette prétendue provocation, qu'on allait porter si étrangement à domicile.

Non, c'était une agression concertée entre les collaborateurs de Rochefort pour abriter leur rédacteur en chef contre les effets de la lettre du Prince. Ceci est l'évidence :

Comment les choses se passent-elles?

Les deux prétendus témoins sont armés l'un et l'autre : Fonvielle ne peut pas nier qu'il cachait un révolver dans sa poche, et Victor Noir était probablement porteur de la canne à épée trouvée à moitié dégaînée dans le salon d'Auteuil à la place qu'il avait occupée. Dans la voiture se trouvent Pascal Grousset que nous connaissons, et Sauton, qui cherchait, sous les neiges de janvier, une maison de campagne pour la belle saison; c'était peut-être un peu tôt. Plus tard arrive Millière, porteur aussi d'un révolver; il déclare, il est vrai, qu'il l'avait pris comme arme défensive. Il était escorté d'Arnoult, auquel le témoin de Villers a entendu dire : *Tu as ton pistolet, et moi j'ai ma canne.* Tel est le bataillon sacré qui va mettre le siége devant la maison du prince Bonaparte ; c'est la façon de procéder de ces messieurs ; veuillez vous souvenir de l'affaire Rochette.

On arrive à Auteuil.

Noir et Fonvielle entrent chez le Prince : Grousset et Sauton attendent devant la porte. La fille Gillet constate que les visiteurs, en entrant, ont conservé leurs chapéaux sur la tête. Le Prince était souffrant ; il avait reçu la visite de son médecin, le docteur Morel. Sa tenue ne différait en rien de celle de tous les jours.

Il n'avait pas de pantalon à pied, comme on l'a dit par erreur : le témoin Coffinet ne laisse aucun doute à cet égard. Pierre Bonaparte passe dans sa chambre, dès qu'on lui annonce une visite, pour mettre une redingote.

Un révolver est dans sa poche : caractérisons bien cette circonstance sur laquelle on a beaucoup insisté.

Elle est un fait d'habitude pour lui, régulière d'ailleurs, puisqu'il est autorisé par la préfecture de police, depuis 1851, à marcher armé : les domestiques vous ont dit que fréquemment le Prince tirait à la cible, située dans son jardin, par la fenêtre de la salle de billard : M. Galand, armurier, un capitaine du 24ᵉ de ligne, le comte Clary, tous sont unanimes sur le fait de cette habitude, qui d'ailleurs est, pour ainsi dire, nationale en Corse et en Amérique. Et un jour que j'interrogeais un Corse sur la réalité de ces coutumes, pour toute réponse il ouvrit son paletot et me montra deux révolvers suspendus à ses côtés et un poignard qu'il retira de sa poche.

Ces mœurs ne sont pas les nôtres, je ne les loue ni ne les blâme ; je les constate seulement pour que votre appréciation se fonde non pas sur des hypothèses, mais sur la seule vérité.

Vous connaissez les auteurs du drame, leurs dispositions : ils sont en présence *dans le domicile du Prince.*

Cette circonstance est loin d'être indifférente. J'exige de la part de celui qui s'introduit chez moi la modération et le respect ; mon domicile est un lieu sacré où je règne en maître, fortifié, suivant la belle expression d'un grand orateur de l'antiquité, par toutes les lois divines et humaines, et dès lors inviolable : vérité dont les visiteurs du Prince ne semblent pas s'être souvenus.

Que dit l'accusé? ce qui, selon moi, offre tous les caractères de la vraisemblance. Deux messieurs qu'il ne connaît pas se présentent à lui; une lettre lui est remise, il jette les yeux sur la signature, le nom lui est inconnu : il le déclare aux visiteurs et ajoute : *Me battre avec Rochefort, volontiers, avec un de ses manœuvres, non.* Le plus grand dit alors : — Mais lisez donc. — Elle est toute lue : en êtes-vous solidaires? telle est la réponse.

Ces mots à peine prononcés, la solidarité se trahit par un coup porté à la joue du Prince par son interlocuteur; le second tire de sa poche un pistolet, et cherche à l'armer en l'appuyant sur la main gauche dans laquelle était retenu l'étui. Le prince recule de deux mètres et tire sur celui qui l'a frappé. Victor Noir se retourne et sort de l'appartement.

Quant à Fonvielle, il s'est jeté derrière un fauteuil d'où il menace son adversaire. Le Prince fait feu sur lui, ce que voyant Fonvielle quitte sa place et se dirige en se baissant à demi vers la salle de billard. Le Prince le suit à distance, l'arme en arrêt, et tire un deuxième coup dès qu'il est ajusté lui-même.

Tel est le récit de l'accusé dès le premier moment : et il n'a jamais varié.

La version de Fonvielle ne me semble pas admissible ; je n'accuse que ses souvenirs, car il était fort troublé dans cette scène tragique.

Il raconte à Lallemand que le Prince a frappé Noir de la main droite, et tiré de la main gauche. Plus tard, le soufflet aurait été appliqué de la main gauche et le coup de revolver tiré de la main droite après un mouvement de recul; tout cela est invraisemblable.

On ne tire pas après avoir frappé, on attend ; si le coup de la main avait précédé celui du revolver, Noir, si grand, si vigoureux, se serait élancé sur l'agresseur ainsi mis dans l'impossibilité de tirer.

Mais tout est controuvé dans ce récit. Si le Prince, homme robuste, a donné un soufflet, la trace en sera quelque part. Or elle a fait absolument défaut, malgré les investigations des hommes de l'art : et ils reconnaissent cependant que la joue frappée en aurait conservé l'empreinte, même après la mort.

Mais si elle n'a pas pu être découverte sur la joue de Noir, elle a été itérativement constatée sur celle du Prince. Le docteur Morel, homme irréprochablement honorable, fut le premier à la remarquer. Le docteur Pinel reconnut ce qu'il a appelé une apophise mastoïdienne, et le Prince hésitait à avouer le soufflet. Ce n'était donc pas une scène préparée. L'agent d'Arleux arrive à 2 heures moins vingt minutes et il constate la trace d'un coup sur la partie du visage rapprochée de l'oreille : l'agent Balagna constate seulement que l'une des joues est plus enflée que l'autre. Paul de Cassagnac a remarqué la rougeur de la joue ; Casanova, de Grave, de la Garde, de la Bruyère, un nombre de témoins tel que la dénégation est absolument impossible.

A côté de cette preuve matérielle vient se placer la preuve indirecte.

Le témoin Lechantre, boucher, aide à relever le corps du blessé. Tout le monde le reconnaît : or, qu'entend-t-il ? Une voix disant : *Le Prince est une canaille, il a tué mon ami, mais c'est égal, il a reçu un bon soufflet.*

Qu'importe que la déposition se produise un jour ou l'autre, cet homme n'en avait certainement pas compris l'importance. Le témoin Natal lie conversation avec le pharmacien Mortreux et un reporter du *Journal officiel* : et il entend parfaitement qu'un soufflet a été appliqué par l'un des deux visiteurs au Prince ; Mortreux nie, Natal l'affirme. On a prétendu que le propos inventé par le docteur Morel s'était ainsi propagé de bouche en bouche et n'avait rien de fondé. Ceux qui l'affirment sont des hommes d'une incontestable honorabilité, que ne peuvent pas entamer des plaisanteries d'un goût équivoque. Le témoin Mourgoin n'affirme pas avoir entendu prononcer le mot de soufflet, mais il a saisi un geste par lequel il a compris qu'un soufflet avait été donné, et il l'a répété devant plusieurs personnes ; de ce nombre étaient les témoins Échope et Carnet.

Vinviolet est très-affirmatif, il a entendu Fonvielle dire que Noir avait souffleté le Prince ; il l'a entendu dire en outre : — *Ah ! canaille, si mon pistolet n'avait pas raté, je le tuais comme un chien.*

Que répondre à une attestation si topique ? Nos adversaires ne sont jamais embarrassés ; la déposition a eu le tort de se produire trop tôt, au contraire de celle de Lechantre qui s'était produite trop tard. Placés entre ces deux extrêmes, nous demandons à quel moment précis les témoignages doivent être recueillis pour mériter créance. Il est vrai que les parties civiles ne comprennent pas qu'on accepte comme sincères les dépositions de témoins désintéressés, étrangers à l'accusé comme aux accusateurs ; mais la justice, au contraire, doit suivre aveuglément la foi d'ennemis acharnés, irréconciliables qui ont fait vœu de vengeance, et dont les sentiments se traduisent par des appels à la violence et à la mort jusque dans le sanctuaire de la justice.

Voilà des théories que la décision de Messieurs les jurés ne consacrera pas, j'en suis certain.

Ce soufflet établi jusqu'à l'évidence, et par les indications du témoin unique de la scène du salon, et par la constatation matérielle de sa trace sur la joue de l'insulté, ce soufflet embarasse beaucoup nos adversaires ; aussi avaient-ils pris le parti de le supprimer. C'était bien audacieux. Enfin on propose un subsidiaire.

Un soufflet, vous dit-on, vaut bien un acquittement, et le Prince a pu se le faire donner après coup ? Mais alors que devient la série des dénégations opposées aux affirmations sur ce point si concluantes des témoins ? Il y a donc eu un soufflet de votre propre aveu :

nous en sommes tous certains, mais c'est à vous à justifier votre ingénieuse supposition, et vous ne le faites pas. Bien mieux, elle est invraisemblable, car s'il est un soufflet d'occasion, le Prince s'empressera de le montrer aux témoins! Or, le docteur Pinel déclare qu'il s'est refusé à livrer la joue à son examen. Savez-vous pourquoi? Parce qu'il souffrait dans sa dignité, en avouant qu'elle avait été frappée par une telle main.

Et qu'importe maintenant que la trace change d'aspect et se modifie, c'est le phénomène naturel, en pareil cas, avoué par la science, qui n'a pas les souplesses de l'imagination trop fertile de nos adversaires. Or, le docteur Morel déclare que la joue était dans un état normal avant l'événement, et c'est après seulement que la trace du coup porté par la main vigoureuse de Victor Noir est constatée par les témoins avec ses nuances inévitablement changeantes, suivant l'heure ou le moment où elles sont constatées. Mais les gants étaient intacts; or ils étaient neufs, gantaient très-juste, et le coup les aurait fait éclater. Voilà des preuves bien éloignées et surtout trop élastiques. La main était-elle plus ou moins ouverte? Est-ce la paume de la main qui a porté au visage? Tout est possible; et le docteur Tardieu vous a déclaré que la forme de l'ecchymose rend présumable qu'elle a été occasionée par le bouton de la chemise. Les gants n'ont pas été conservés, mais seraient-il sur la table des pièces à conviction, salis et déchirés, qu'il n'en faudrait rien conclure, car ils auraient pu se réduire à cet état, tandis que cet homme chancelant descendait l'escalier ou tombait sous la porte cochère.

Non, quoi que vous fassiez, vos efforts seront impuissants à détruire ce faisceau de preuves évidentes, matérielles ou indirectes. Le Prince a été frappé au visage par l'un des deux hommes qui entraient subrepticement dans son domicile avec des intentions mauvaises, et porteur d'armes dangereuses. Il a dû se défendre. Mais s'est-il trouvé en état légal de légitime défense? C'est ce que nous allons rechercher.

La légitime défense commence au moment où naît le péril; le

péril, dit notre grand criminaliste Faustin Élie, naît « au moment
« où l'agresseur s'avance contre vous avec des armes et en témoi-
« gnant de son dessin ; il n'est même pas nécesaire de l'attendre. »

Dalloz écrit de son côté :

« Il n'est pas nécessaire d'attendre l'agression. Si j'aperçois, dit
« Puffendorff (liv. II, p. 298), un homme qui vient fondre sur
« moi, l'épée à la main, d'un air qui donne suffisamment à con-
« naître qu'il veut me la passer au travers du corps, *je puis lui dé-*
« *charger un coup de pistolet avant qu'il soit tout près de moi*
« *et à portée de me toucher avec son épée ;* dans cette hypothèse
« en effet, le danger ne cesse pas d'être imminent. »

Quoi ! le Prince d'une part est frappé à la joue par un colosse
armé d'une canne à épée, et de l'autre se trouve un complice armé
d'un révolver qu'il essaye d'armer, et le Prince n'aurait pas eu le
droit de se défendre ! Le péril n'était-il pas imminent quand il a
fait feu ? et Fonvielle n'a-t-il pas établi l'évidence sur ce point lorsqu'il s'écriait : *Ah ! la canaille, si mon pistolet était parti, je le
tuais comme un chien.*

Mais, dit-on, pourquoi n'a-t-il pas tiré d'abord sur Fonvielle ?
La réponse n'est plus à faire ; *j'ai compté l'honneur avant la vie,*
et nous ne devions pas moins attendre d'un homme de cœur, ancien militaire, qui a un grand nom à protéger.

Les jurisconsultes peuvent enchaîner des solutions dans des règles étroites : mais vous, Messieurs, vous les jugerez avec les scru-
pules de votre honneur, vous vous demanderez : Qu'aurais-je fait
en pareil cas ? Et quand je descends dans ma conscience, votre réponse ne me semble pas douteuse.

Pierre Bonaparte, mis en péril par deux agresseurs, a usé de
son droit.

Et voilà pourquoi je n'ai pas compris que l'acte de mise en accusation ait distingué deux crimes où l'accusé a répondu à la même
agression combinée par deux personnes. Je suppose que le groupe
eût été plus nombreux, l'accusé se serait évidemment défendu contre tous ceux qui le composaient. Le nombre de ses méfaits aurait-

il été calculé sur celui de ses ennemis? L'art. 304 du Code pénal rend une telle doctrine impossible. Les faits coupables doivent être distincts, et ne pas se confondre comme dans l'espèce ; une rixe s'engage, un homme est tué dans la lutte, un second est blessé, il y a unité d'action, concomitance des prétendus crimes ; le Prince tirant sur Victor Noir et sur Fonvielle, se défend également contre les deux. Telle est la doctrine des criminalistes, avouée par le bon sens ; les intentions ne sont pas isolées, et les actes distincts ne décèlent pas cette perversité plus profonde que la loi recherche pour la punir. Unité d'attaque, unité de défense, unité de sentiment de la légitime défense.

La culpabilité ne peut être résolue affirmativement que si vous reconnaissez les trois circonstances d'un fait constant, d'une intention coupable et d'absence de la légitime défense qui efface la culpabilité ; or si la première circonstance est certaine, le fait en lui-même, pourriez-vous condamner sur la seconde : celui-là n'a pas une mauvaise intention qui agit sans la conscience du mal et sans la volonté de le commettre, entraîné par un mouvement irrésistible, soit parce que l'outrage égare la raison, soit parce que le sentiment de sa conservation paralyse son discernement, ou qu'il est privé de réflexion par tout autre sentiment légitime. Or Fonvielle était solidaire du soufflet appliqué par Victor Noir ; Fonvielle avait pris sa part de la provocation, et mis le Prince en demeure de légitime défense par l'exhibition des armes meurtrières dont il était saisi, et par le mouvement menaçant dirigé contre la personne de l'accusé.

La réponse sur la seconde question doit être la même que sur la première et par identité de motifs.

Jamais un jury français ne condamnera un accusé qui, frappé au visage, aura répondu à l'attaque même par un homicide ; parce que la France est le pays de l'honneur et que le citoyen insulté défend en cas pareil un bien plus précieux que la vie.

Permettez-moi de vous en citer deux exemples. Le premier nous est fourni par une cause purement politique, et nous reporte aux élections de 1863. Un électeur aux opinions extrêmes est près du bureau dont il traite un des membres de *lâche*; celui-ci se lève et reçoit un soufflet. Il était armé d'un pistolet, et répondit à l'agression en tirant sur l'agresseur qui ne fut que blessé. L'offensé est renvoyé devant la cour d'assises sous l'accusation de tentative de meurtre. Le jury prononça un verdict d'acquittement.

Cette fois c'est un conseil de guerre qui est saisi de la question.

Un capitaine a conçu pour la femme de son général un amour purement platonique. Le mari s'en aperçoit, en prend de l'ombrage et après des péripéties inutiles à raconter, il se rend au domicile de son subordonné et le frappe de sa canne; il tombe sous deux coups d'un pistolet que le capitaine avait chargés pour sa défense, et le conseil prononça non coupable à l'unanimité.

Voilà ce procès que l'art de nos adversaires devait rendre si compliqué en apparence, et qui est en réalité si simple. Nous avons dû répondre aux innombrables calomnies dont les ennemis du Prince avaient fait à l'accusation un auxiliaire si dangereux; et je vous remercie de la religieuse attention que vous avez bien voulu prêter à sa longue justification.

Mais je veux, en terminant, protester de toute mon énergie contre le prétendu jugement que le peuple aurait prononcé aux funérailles de Victor Noir.

On a osé vous dire que deux cent mille consciences avaient prononcé la condamnation du coupable.

Je ne sais si le nombre des assistants n'est pas exagéré, comme tout ce que nos adversaires ont proposé.

Mais il est certain qu'il y avait là plus de curieux que d'adhérents politiques.

Ce que j'affirme c'est que dans ces sortes de réunions la passion prend plus de part que la raison, et que personne n'a entendu préjuger le procès.

Dans tous les cas, ceux qui auraient condamné sans entendre ne sont pas des juges, mais des imprudents, des téméraires, ou des ennemis à plaindre.

C'est à vous, messieurs, les jurés, qu'il appartient de prononcer, et vous le ferez avec fermeté et indépendance ; vous ne vous laisserez déterminer que par le sentiment de la justice.

Vous resterez sourds à toutes considérations politiques, quoi qu'en disent certains organes de la presse, dont je ne partage pas les craintes.

Non, il n'est pas vrai qu'un simple particulier, dans la situation de l'accusé serait acquitté, tandis que lui sera condamné !

Pourquoi ? parce qu'il est Prince ?

Une pareille distinction serait faite dans ce pays où l'égalité est proclamée partout, et qui aspire à la liberté ?

Rappelez-vous ces belles paroles de monsieur le président :

« Il y a en France un sentiment plus jaloux encore que celui de la liberté, c'est le sentiment de l'égalité. »

L'égalité ! elle n'existe donc pas pour tous ?

Les temps sont bien changés ?

Autrefois, on invoquait l'égalité contre les familles princières ; aujourd'hui, ce sont les princes qui demandent l'égalité des citoyens, et elle leur serait déniée ?

Vous ne la refuserez pas, messieurs, au prince Pierre Bonaparte ; s'il eût été acquitté devant un jury ordinaire, il le sera par vous comme s'il était un simple citoyen.

Le Prince ne revendique que la loi commune.

Est-ce que la justice a ses préférences ou ses antipathies ?

Non ! non ! la conscience publique protesterait.

Élus du suffrage universel, vous représentez la nation tout entière dans ces grandes assises, et votre dernier mot sera digne de la haute mission qui vous est confiée.

Pour moi, ce dernier mot ne doit pas être l'admission de la provocation.

Pour le Prince, ce n'est pas une question de réduction de peine
qui s'agite ici.

C'est l'honneur qu'il veut sauver.

C'est l'acquittement que vous prononcerez, parce que l'accusé
n'a pas obéi a une intention coupable, mais au sentiment de la légitime défense.

Sceaux. — Typographie de E. Dépée.

www.ingramcontent.com/pod-product-compliance
Lightning Source LLC
LaVergne TN
LVHW010323030726
842520LV00004B/1231